공산당 선언

<칼 맑스의 『공산당 선언』 친필 초안>

공산당 선언

Manifest der Kommunistischen Partei

칼 맑스 · 프리드리히 엥겔스 지음

심철민 옮김

도서출판 b

| 일러두기 |

1. 이 책은 K. 맑스와 F. 엥겔스가 집필한 『*Manifest der Kommunistischen Partei*』(1848년)를 완역한 것이다.
2. 번역의 저본으로는 Karl Marx/Friedrich Engels Werke [MEW], Bd. 4, S. 459~493, S. 571~590을 사용했다. 이 판본 서두에 적혀 있는 간행 기록은 다음과 같다. "[『공산당 선언』은] 1847년 12월부터 1848년 1월 사이에 집 필되었고, 1848년 2월에 런던에서 인쇄, 소책자로 발행되었다. 본 판본은 프리드리히 엥겔스가 마지막으로 감수한 독일어판(1890년) 텍스트에 의 거하고 있다."
3. 엥겔스가 직접 붙인 각주에는 [원주]라는 표기를 해두었고, 특별한 표기가 없는 것은 모두 옮긴이가 붙인 각주이다.
4. 본문 내의 [ ] 속 문구는 옮긴이가 가독성이나 내용 이해를 돕기 위해 보충한 것이다.

| 차 례 |

[들어가는 말] 7

제1장 부르주아와 프롤레타리아 ···9

제2장 프롤레타리아와 공산주의자 ···43

제3장 사회주의적 및 공산주의적 문헌 ···67
    1. 반동적 사회주의 ···67
        a) 봉건적 사회주의 _ 67
        b) 소시민적 사회주의 _ 72
        c) 독일 사회주의 또는 '참된' 사회주의 _ 75
    2. 보수적 사회주의 또는 부르주아 사회주의 ···83
    3. 비판적-유토피아적 사회주의 및 공산주의 ···85

제4장 여러 반대당들에 대한 공산주의자들의 입장 ···94

|부록| 『공산당 선언』 각 판본 서문들
        1872년 독일어판 서문 ···101
        1882년 러시아어판 서문 ···105
        1883년 독일어판 서문 ···109
        1888년 영어판 서문 ···113
        1890년 독일어판 서문 ···123
        1892년 폴란드어판 서문 ···133
        1893년 이탈리아어판 서문 ···137

    옮긴이 후기 ···141

유럽에는 하나의 유령이 떠돌고 있다. 그것은 공산주의라는 유령이다. 옛 유럽의 모든 세력들은 이 유령에 대해 신성한 단속을 하기 위해 연합하고 있다. 그 연합이란 교황과 차르, 메테르니히Metternich와 기조Guizot, 프랑스 급진파와 독일의 경찰이다.

반대당이라는 이유로, 지배 권력으로부터 공산주의적이라고 비난당하지 않은 당이 어디 있던가? 혹은 반대당들끼리의 사이에서도, 자신보다 진보적인 반대파들이나 반동적인 세력들을 향해 공산주의자라고 낙인찍으면서 비난을 가하지 않은 당이 어디 있던가?

이 사실로부터 두 가지 점이 귀결된다.

I. 공산주의는 이미 유럽의 모든 강국들로부터 하나의 힘으로 인정되고 있다는 점.

II. 지금이야말로 공산주의자들이 자신들의 사고방식과 목적, 경향을 전 세계 앞에 공표해야 할, 그리하여 공산주의의 유령 이야기에 당 자체의 선언으로 맞서야 할 최적기라는 점.

이러한 목적을 위해 다양한 국적을 가진 공산주의자들이 런던에 모여 다음과 같은 선언을 작성하였다.[1] 이것은 영어, 프랑스어, 독일어, 이탈리아어, 플랑드르어 및 덴마크어로 발표된다.

• •

1. 이러한……작성하였다: 1847년 6월 런던에서 공산주의자들의 비밀결사체인 공산주의자동맹 제1회 대회가 처음 개최되었다. 그리고 같은 해 11월 말~12월 초에 다시 런던에서 열린 제2회 대회에서 새로운 강령 초안 작성이 맑스에게 위임됨으로써 집필된 것이 『공산당 선언』(1848)이다.

제1장 **부르주아와 프롤레타리아**[2]

지금까지의 모든 사회의 역사[3]는 계급투쟁의 역사이다.

. .

2.   [원주: 1888년 영어판에 붙인 엥겔스의 주] 부르주아지Bourgeoisie,
즉 부르주아계급은 근대적 자본가 계급을 의미한다. 즉 사회적 생산
수단의 소유자들이면서 임금노동을 착취하는 계급이다. 프롤레타
리아트Proletariat, 즉 프롤레타리아계급 내지 무산無産계급이란, 자기
자신의 생산수단을 갖지 않으므로 살기 위해서는 자신의 노동력을
파는 것을 강요당하는 근대 임금노동자 계급을 의미한다.

3.   [원주: 1888년 영어판 및 1890년 독일어판에 붙인 엥겔스의 주]
즉 정확히 말하자면, 문자로 전승되어온 역사이다. 1847년에는, 사회
의 전사前史, 즉 기록된 모든 역사에 선행하는 사회조직은 전혀 모르
는 것이나 다를 바 없다. 그 후, 학스트하우젠Haxthausen은 러시아에
서의 토지공유제를 발견하고, 마우러Maurer는 토지공유제가 모든
독일 부족의 역사적 출발의 사회적 기초였음을 입증했다. 그리고

자유민과 노예, 도시귀족과 평민, 영주와 농노, 동업조합[4]의 장인匠人[5]과 직공職工, 요컨대 압제자와 피압제자는 늘 서로 대립해왔으며, 때로는 암암리에 또 때로는 공공연히 부단한 투쟁을 벌여왔다. 이 투쟁은 매번 전체 사회의 혁명적 개조로 끝나거나, 그렇지 않을 때에는 투쟁계급들의 공동 몰락으로 끝났다.

　　역사의 이른 시기들에서는 거의 어느 곳에서나 사회가 여러

　　공동으로 토지를 소유하는 마을공동체가 인도에서 아일랜드에 이르는 사회의 원형이었음이 점차 발견되었다. 그리고 마침내 씨족의 참된 성격 및 부족 내에서 그것이 갖는 위치에 대한 모건Morgan의 탁월한 발견을 통해, 이 원시적 공산주의 사회의 내부 조직의 전형적인 형태가 밝혀졌다. 이 본원적인 공동체의 해체와 함께, 제각각 분리된, 마침내는 서로 대립하는 계급들로의 사회 분열이 시작된다. [1890년 독일어판에서는 이하 한 문장 생략됨] 나는 이 해체과정을 『가족, 사유재산 및 국가의 기원Der Ursprung der Familie, des Privateigentums und des Staats』, 제2판, 슈투트가르트, 1886에서 추적하고자 했다.

4.　동업조합Zunft: 흔히 '길드guild'로 불리는 '동업조합'은 수공업자나 상인들이 상호 부조와 보호 및 직업상의 권익 증진을 위해 결성한 조합으로, 11~16세기에 유럽에서 번성하여 경제·사회 구조의 중요한 일부를 이루었다.

5.　[원주: 1888년 영어판에 붙인 엥겔스의 주] 동업조합의 장인Guild-master이란 동업조합의 정회원, 즉 동업조합 내의 장인匠人이지, 동업조합의 우두머리가 아니다.

신분들로, 사회적 지위상의 다양한 단계들로 완전히 나뉘어 있음을 우리는 발견한다. 고대 로마에서는 귀족, 기사騎士, 평민, 노예로, 중세에서는 봉건적 영주, 가신家臣, 동합조합의 장인, 직공, 농노로 나뉘어 있었다. 더욱이, 이들 계급 하나하나는 대부분 다시 각각의 계층들로 나뉘어 있었다.

봉건사회의 몰락으로부터 떠오른 근대 부르주아 사회는 계급대립들을 지양하지 않았다. 이 사회는 단지 이전의 낡은 것의 자리에, 새로운 계급들, 압제의 새로운 조건들, 투쟁의 새로운 형태들을 옮겨 놓았을 뿐이다.

그러나 우리 시대, 즉 부르주아계급의 시대는 계급 간의 대립들을 단순화시켰다는 점에서 두드러진다. 전체 사회는 적대하는 양대 진영, 서로 직접적으로 대립하는 양대 계급, 곧 부르주아계급과 프롤레타리아계급으로 점점 더 갈라지고 있다.

중세의 농노들로부터 최초 도시들을 지탱하는 시민들이 생겨났고, 이 시민층으로부터 부르주아계급의 최초 요소들이 발전하고 있었던 것이다.[6]

· ·
6.　　중세의……것이다: 결국 근대 부르주아계급의 역사적 연원은 중세

아메리카의 발견, 아프리카 항로의 발견은 고개를 들기 시작한 부르주아계급에게 새로운 영역을 열어주었다. 동인도 회사와 중국 시장, 아메리카의 식민지화, 여러 식민지들과의 무역, 교환수단이나 상품 일반의 증대는 상업, 해운, 산업에 지금까지 전혀 경험하지 못한 비약을 가져옴과 동시에, 또한 몰락해가는 봉건사회 내의 혁명적 요소에 급격한 발전을 가져왔다.

지금까지의 봉건적 또는 동업조합적인 산업 경영방식은 새로운 시장들과 함께 증대해가는 수요에 더 이상 적합하지 않았다. 공장제 수공업[7]이 그 자리에 들어섰다. 동업조합의 장인들은

· ·
의 농노들이다. 중세 농노의 굴레에서 벗어난 시민층이 점차 도시에서 부르주아계급을 형성하기 시작했기 때문이다. 여기서 말하는 '시민들Pfahlbürger' 또는 '시민층Pfahlbürgerschaft'이란 도시 외곽에 살면서 시민권을 가진 사람들을 가리킨다. 이들은 도시 방벽 안에 거주하는 '창으로 무장한 시민층Spießbürger'과는 달리, 귀족의 지배로부터 자유로웠다.

7. 공장제 수공업 : '매뉴팩처Manufaktur/manufacture'를 옮긴 것이다. 다수의 수공업 노동자들을 공장제적 작업장 내에서 생산에 종사하게 한, 자본주의 생산 초기에 성립한 과도적 경영 방식이다. 맑스에 따르면 16세기 중반부터 산업혁명이 시작되는 1760년대까지의 시기는 '본래적 매뉴팩처 시대'로서, 이는 서양 특히 영국의 자본주의적 공업에서 '단순협업'이 아니라 '분업에 기초한 협업'이 그 고전적

산업적 중산층에 의해 밀려났으며, 다양한 조합들 간의 분업은 개개 공장 내의 분업 앞에서 소멸되고 있었다.

그런데 시장들은 점점 더 번영하고, 수요도 끊임없이 상승했다. 공장제 수공업의 체제로도 더 이상 이를 따라잡지 못했다. 이때 증기기관과 기계제 대공업이 산업생산에 혁명을 가져왔다. 공장제 수공업 대신에 근대적 대공업이 나타났고, 산업적 중산층 대신에 산업적 백만장자들과 산업군단 전체의 수장首長들 그리고 근대 부르주아가 출현했다.

대공업은 이미 아메리카의 발견에 의해 준비되고 있었던 세계시장을 성립시켰다. 세계시장은 상업, 해운, 육상 교역에 엄청난 발전을 가져왔다. 이 발전은 다시 산업에로 반작용하여, 이를 대폭 신장시켰다. 그리고 산업, 무역, 해운, 철도가 확대됨에 따라 부르주아계급도 같은 정도로 발전해나갔고, 자신들의 자본을 증식시켰으며, 중세로부터 존속되어온 모든 계급들을 뒷전으로 밀어냈다.

이리하여 우리는 근대 부르주아계급 자체가 하나의 장구한

• •

인 모습을 갖춘 시기이다.

발전과정의 산물이며, 생산 및 교류 방식에서 일어난 일련의 변혁들의 산물임을 알게 된다.[8]

　부르주아계급의 이러한 각 발전단계와 더불어, 그에 상응하는 정치적 진보가 있었다. 부르주아계급은 봉건영주의 지배 하에서는 피억압 신분이었다가, 자유도시Kommune[9]에 있어서는 무장한 자치조합을 이루게 되었다. 전자의 경우는 군주정 체제 하에 납세의무를 진 제3신분이었다면, 후자의 경우는 독립된 도시공화국의 구성원이었다. 그 다음 공장제 수공업의 시대가 되자, 그들은 신분제적 또는 절대적 왕정 체제 하의 귀족에 맞서 다른 한 축을 이루면서, 대군주제 일반의 주요한 기반이 되었다.

　• •
8.　이리하여……알게 된다: 이상의 서술로 알 수 있듯이, 부르주아계급 자체가 출현하여 새로운 시민층으로 두각을 나타내기까지에는 수백 년에 걸친 투쟁 과정이 있었으며, 또한 이는 생산방식이나 교류방식이 매번 극적으로 변화, 발전한 데 따른 것이다.

9.　[원주: 1888년 영어판에 붙인 엥겔스의 주] 프랑스에서는 초기 도시들을 가리켜 [자유도시 내지 자치도시라는 의미에서] '코뮌Kommune/ commune'이라고 불렀다. 이러한 명칭은 이들 도시가 지방적 자치제와 '제3신분'으로서의 정치적 권리를 봉건 영주나 권력자들로부터 쟁취해낼 수 있기 이전부터 사용되었다. 여기[『공산당 선언』]에서는 일반적으로 부르주아계급의 경제적 발전에 대해서는 영국을, 이 계급의 정치적 발전에 대해서는 프랑스를 전형적인 나라로 들고 있다.

그리고 마침내 대공업과 세계시장이 건설되고부터, 부르주아계급은 근대적 대의제 국가에서 독점적인 정치지배권을 획득해냈다. 근대의 국가권력은 부르주아계급 전체의 공통 업무를 관장하는 하나의 위원회에 불과하다.[10]

부르주아계급은 역사상 가장 커다란 혁명적 역할을 수행한 셈이었다.

부르주아계급이 지배권을 장악하게 된 곳에서, 그들은 봉건적·가부장적·목가적인 관계들을 모조리 타파했다. 태어나면서부터 인간을 상하관계로 맺게 했던 갖가지 봉건적 끈들을 가차없이 끊어버렸고, 인간과 인간 사이에 적나라한 이해관계, 냉정한 '현금 계산' 외에 다른 어떤 유대관계도 남기지 않았다. 그들은 신앙심 깊은 열정, 기사騎士의 열의, 소시민의 애상 같은 지극히 성스러운 감정들을, 얼음같이 차디찬 이기적 타산이라는 물속에 익사시켰다. 부르주아계급은 인간의 존엄한 가치를 교환가치로 바꿔버렸으며, 결코 파기될 수 없고 또 정당하게 자신의 것이 되어 있는 무수한 자유들을 단 하나의 몰염치한 상업의

· ·

10. 근대의……불과하다: 이제 국가권력은 부르주아계급의 이해관계를 위해 작동하는 기관, 즉 '계급국가'가 되어버렸음을 뜻한다.

자유로 대체시켜버렸다. 한마디로 말해, 그들은 종교적·정치적인 환상들에 의해 가려져 있던 착취 대신에, 노골적이고 몰염치하며 직접적이고 가차 없는 착취를 사용하게 되었다.

부르주아계급은 지금까지 존경받고 또 경외의 대상이 되어온 모든 직업들에서 그 성스러운 후광을 벗겨내 버렸다. 그들은 의사, 법률가, 성직자, 시인, 학자를 자신들이 고용하는 임금노동자들로 바꿔버린 것이다.

부르주아계급은 가족관계가 갖는 감동적이고 감상적인 베일을 가족 자체에서 벗겨 내었고, 가족 관계를 단순한 금전관계로 바꿔버렸다.

반동주의자들은 흔히 중세인들의 온갖 무용담을 칭찬하고 있지만, 그러나 중세인들의 무용담들이 실은 아주 지독한 게으름을 적당히 보완하는 방편이었음을 부르주아계급은 폭로했다.[11] 인간의 활동이 어느 정도의 일을 성취할 수 있는지를 최초

· ·

11. 반동주의자들은……폭로했다: 당시 반동주의자들은 옛날이 좋았노라고 한탄하면서, 중세의 기사도 정신이나 지나간 시대의 영광을 갈망했다. 그러나 중세인들의 온갖 '잔인한 힘의 표현brutale Kraftäußerung'(이를 문맥상 '무용담'으로 옮겼다) 배후에는 그들의 지극히

로 증명해 보인 것도 바로 부르주아계급이었다. 그들이 해낸 경이로운 성과들은 이집트의 피라미드나 로마의 수도시설, 그리고 고딕 대성당들과는 전혀 다른 것이었으며, 그들이 수행한 원정은 민족대이동이나 십자군과는 전혀 다른 성격의 것이었다.

부르주아계급은 생산도구들을, 따라서 생산관계들을, 따라서 전체 사회관계들을 끊임없이 혁명하지 않으면 생존할 수 없다. 이에 반해, 낡은 생산양식을 변화시키지 않고 그대로 유지하는 것은 그 이전의 모든 산업 계급들의 첫 번째 생존조건이었다. 생산의 지속적인 변혁, 모든 사회상태의 부단한 동요, 영원한 불안정과 운동은 이전의 모든 시대들과는 구별되는 부르주아 시대의 특징이다. 노후하고 고정된 온갖 관계들은 그에 따른 낡고 고루한 여러 관념이나 견해들과 더불어 소멸된다. 그리고 설령 그런 관계들이 새로이 형성되더라도 그것들 모두는 골격을 갖출 수 있기도 전에 시대에 뒤떨어지게 된다. 신분적인 것이나 기존에 존립해있는 일체의 것이 연기처럼 사라지고, 일체의 신성한 것이 더럽혀지며, 인간들은 마침내 자신의 생활상의 지위, 자신들 상호 간의 관계를 서로 냉담한 눈으로 보도록 강제된다.

• •

나태한 속성이 감춰져 있다는 것을 부르주아계급은 폭로했다.

자신의 생산물의 판로를 항상 더욱더 확대하려고 하는 욕망에 이끌려서, 부르주아계급은 전 지구를 바삐 돌아다닌다. 그 어떤 곳에서도 그들은 둥지를 틀고, 또 어떤 곳이든 개척하며, 또 어디에서나 관계를 맺지 않으면 안 된다.

부르주아계급은 세계 시장의 패권 장악을 통해서, 모든 나라들의 생산과 소비를 세계주의적인 것으로 만들었다.[12] 반동가들에게는 대단히 유감스러운 일이었지만, 부르주아계급은 산업의 기반으로부터 국민적인 토대를 뽑아내 버렸다. 옛날부터 있어 온 국민적 산업들은 궤멸되었거나 지금도 매일 궤멸되고 있다. 이들 산업을 몰아내는 것은 새로운 산업들로서, 이제 새로운 산업의 도입 여부야말로 모든 문명국가들의 사활을 건 문제가 된다. 더구나 이 새로운 산업은 더 이상 국내의 원료를 재료로 사용하는 것이 아니라 가장 멀리 떨어진 지역에서 나오는 원료

· ·
12. 부르주아계급은……만들었다: 시장은 이제 더 이상 상품교환이 집중되는 장소로서만이 아니라 자본의 세계화를 실현시켜가는 보편적인 조직형태를 띠게 된다. 이러한 '세계 시장'의 광범위한 확대로 말미암아, 각 나라가 지닌 생산과 소비의 특징들은 사라지고, 한갓 '세계주의적인 것kosmopolitisch' 즉 범세계적이면서 무국적적인 것이 되어버린다.

들을 가공하는 산업이며, 또한 그 산업의 제품들은 국내 자체에서 소비될 뿐 아니라 동시에 모든 대륙들에서도 소비되는 것이다. 국내의 생산물에 만족하고 있었던 과거의 욕망들 대신에 새로운 욕망들이 들어선다. 이 새로운 욕망들을 만족시키기 위해서는 지극히 멀리 떨어진 나라나 기후의 생산물들이 필요해진다. 과거에는 각 지역이나 국민 단위로 자립하고 자족하는 삶을 살았지만, 이제는 전방위적인 교류, 국민들 상호 간의 전면적인 의존관계가 나타난다. 물질적 생산에서와 동일한 것이 정신적인 생산에서도 일어난다. 개개 국민들의 정신적인 생산물은 공통의 재산이 되기 때문이다.[13] 국민적 일면성이나 편협성은 더욱더 불가능하게 되고, 많은 국민적 및 지방적 문학으로부터 세계문학이 형성된다.[14]

부르주아계급은 모든 생산도구들의 재빠른 개량을 통해서,

· ·

13. 물질적……때문이다: 이 같은 현상은 물질적 생산만이 아니라 지적·정신적 생산에도 해당된다. 가령 한 개인이 만들어낸 작품이나 정신적 산물은 그가 속한 나라에 한정되는 것이 아니라 전 세계 국가들의 공통의 재산Gemeingut이 된다.

14. 국민적……형성된다: 정신적 생산물에 대한 한 나라의 주권이나 고립주의는 점점 더 유지될 수 없게 된다. 문학의 경우에도 한 지방 또는 한 국가만의 독자적인 것은 사라져버리며, 단지 하나의 세계문학이 만들어지는 것이다.

그리고 한없이 편리해진 교통 및 통신 수단들을 통해서, 가장 미개한 국가들까지 모두 문명 속으로 끌어넣는다. 상품들의 저렴한 가격은 중포병대重砲兵隊가 되는데, 부르주아계급은 이를 앞세워 만리장성도 포격하고, 또 이를 앞세워 미개인들의 극히 완고한 외국인 혐오도 항복하지 않을 수 없게 만든다. 그들은 모든 국민들에게, 망하고 싶지 않으면 부르주아계급의 생산양식을 받아들이라고 강요한다. 그들은 모든 국민들에게 이른바 문명을 그들 내에 도입할 것을, 즉 부르주아계급이 되기를 강제한다. 한마디로 말해, 부르주아계급은 그들 자신의 모습에 따라 세계를 창조하는 것이다.

부르주아계급은 농촌을 도시의 지배 아래 종속시켰다. 그들은 거대 도시들을 만들어냈고, 농촌 인구에 비해 도시 인구를 크게 증가시켰으며, 그리하여 인구의 적지 않은 부분을 농촌생활의 무지로부터 구해냈다. 그들은 농촌을 도시에 의존하게 했듯이, 미개하거나 반半미개한 나라들을 문명국들에, 농경 국민들을 부르주아 국민들에, 동양을 서양에 의존하게 했다.

부르주아계급은 생산수단[15]이나 소유 그리고 인구의 분산

15.　생산수단: 원재료, 토지, 도구, 기계 등을 총칭하는 말이다. 자본주

상태를 점차 폐지시킨다. 그들은 인구를 응집시키고, 생산수단을 집중시키며, 재산을 몇몇 소수의 수중에 집적시켰다. 이에 대한 필연적인 결과는 정치적 중앙집권이었다. 서로 다른 이해 관계, 법률, 정부 및 관세 체계를 가지고서 간신히 연합한 것에 불과한 독자적인 행정단위들이 하나로 합쳐져 단일한 국민이 되었다. 그것은 하나의 정부, 하나의 법률, 하나의 국민적인 계급이익, 하나의 관세율을 가지게 된 것이다.

부르주아계급은 채 100년이 안 되는 그들의 계급지배 동안에, 과거의 모든 세대들을 합친 것보다도 더 대규모적이고 더 거대한 생산력들을 만들어냈다. 자연력들의 정복, 기계장치[의 일반화], 산업이나 농업 분야에서 화학의 응용, 증기선 항해, 철도 및 전신[의 발전], 전 대륙들의 경지화, 하천의 운하화, 마치 땅에서 솟아난 듯이 출현한 인구의 [폭발적] 증가── 이 모든 생산력들이 사회적 노동의 품속에 잠들어 있었음을 이전의 어느 세기가 예감이나 할 수 있었겠는가?[16]

• •

의 체제에서 이 같은 생산수단을 독점 내지 보유하고 있는 것은 단연코 부르주아계급이다. 이 생산수단과 노동력이 결합하여 '생산력'을 구성한다.

16. 부르주아계급은……있었겠는가?: 여기서 열거되고 있듯이, '생산력(들)'이란 경제적 재화를 생산하기 위해 인간이 자연에 노력을

하지만 우리가 알고 있는 바대로, 부르주아계급의 성장 토대
인 생산수단과 교류수단[17]은 봉건사회 속에서 만들어졌다. 이
생산수단과 교류수단의 발전이 일정한 단계에 이르면, 봉건사
회의 생산이나 교환이 행해지고 있었던 여러 관계들, 농업과
공장제 수공업의 봉건적 조직, 한마디로 봉건적 소유관계들[18]은

· ·

가할 때 동원하고 이용하는 여러 힘들, 즉 토지, 기계, 노동력, 과학·
기술상의 지식 등을 말한다. 때로는 '생산수단'과 동일한 의미로
사용되기도 한다.

17. 교류수단Verkehrsmittel: 여기서 말하는 '교류Verkehr' 개념은 운송적
교류(즉 통행, 왕래), 상업적 교류(즉 유통, 무역, 교역) 그리고 인격
적 교류(즉 교제, 커뮤니케이션) 모두를 포괄하는 매우 폭넓은 의미
이다. 즉 개인들이 생산과정에서 맺게 되는 사회적 관계 일반을
가리킨다. 따라서 영어본에 의거한 국역본에서처럼 '교환수단'이
라고 옮기는 것은 잘못이다. 한편 『독일 이데올로기』에서 자주
사용되는 '생산력과 교류형태Verkehrsform'라는 맞짝 개념은 나중에
『정치경제학 비판을 위하여』나 『자본』에서 정식화되는 '생산력과
생산관계'(이 둘의 결합을 '생산양식'이라고 부른다)라는 맞짝 개념
의 원형을 이룬다고 할 수 있다.

18. 봉건적 소유관계들: '소유관계'란 일반적으로 생산수단(가령 토지
등)을 차지하는 데서 나타나는 사람들의 관계를 말한다. 이 생산수
단의 소유관계야말로 생산과 교환 및 분배를 결정짓는 기초를 이룬
다. 봉건적, 신분적 소유형태를 기반으로 한 '봉건적 소유관계들'은
농촌에서는 토지에 속박된 농노(즉 예농적 소농민)와 토지를 소유

이미 발전된 생산력들에 더 이상 적합하지 않게 되었다. 봉건적 소유관계들은 생산을 촉진시키지 않고 지체하게 되었다. 그것들은 모두 다 빈번히 걸림돌이 되었다. 그것들은 타파되지 않으면 안 되었고, 또한 실제로 타파되었다.[19]

봉건적 소유관계들 대신에 자유경쟁이 나타났다. 이와 함께 자유경쟁에 적합한 사회적 및 정치적 제도가 등장했고, 부르주아계급의 경제적·정치적 지배가 출현했다.

우리의 눈앞에서도 이와 유사한 움직임이 벌어지고 있다. 부르주아적 생산관계와 교류관계, 부르주아적 소유관계를 동반하면서 그처럼 거대한 생산수단이나 교류수단을 마법으로 불러냈던 근대 부르주아 사회는, 마치 자신이 불러낸 지하의 악마를 이제 더 이상 제어할 수 없게 된 마법사와도 같다. 지난 수십 년 간의 산업 및 상업의 역사는 근대적 생산관계들에 대한, 그리고 부르주아계급과 그 지배의 생존조건인 소유관계들에 대한,

••

한 영주 사이의 관계였으며, 도시에서는 봉건적인 동업조합의 조직 하에서 이 조합에 속박된 도제와 이 조합을 통제하는 장인 사이의 관계였다.

19. 하지만……타파되었다: 이 단락 전체의 논지는 훗날 '사적 유물론'이라고 불리게 되는 맑스 사상의 핵심적인 대목이다.

근대적 생산력들의 반역의 역사에 다름 아니다.[20] 이에 대해서는 저 상업공황들을 언급하는 것으로 충분하다. 상업공황은 주기적으로 반복되면서 점점 더 위협적으로 전체 부르주아 사회의 존립을 위태롭게 한다.[21] 이 상업공황의 시기에는 제조된 생산물들뿐만이 아니라 지금까지 형성해낸 생산력들 대부분도 주기적으로 파괴된다. 공황들에서는, 과거 그 어떤 시대에서도 일어나리라고 생각지 못했던 사회적 질병, 즉 과잉생산이라는 질병이 발생한다. 사회는 갑자기 일시적인 야만상태로 돌아간다. 기근과 전반적인 파괴전쟁으로 말미암아 사회를 위한 생활수단 일체의 공급이 차단된 듯이 보인다. 산업이나 상업도 파괴

••
20. 지난……다름 아니다: 인간은 생산과정에서 소유관계를 포함한 일정한 사회적 관계 즉 '생산관계들Produktionsverhältnisse'을 맺게 되는데, 이 생산관계는 '생산력Produktionskräfte'에 의해 규정되기도 하지만, 거꾸로 생산관계가 생산력에 영향을 미치기도 한다. 그러나 이 문장에서는, 근대적 생산력이 근대적 생산관계 내에서 고도로 발전함에 따라 결국 그 생산력이 생산관계 또는 그 법적 표현인 소유관계와 모순을 낳게 되는 국면을 강조하고 있다.

21. 이에 대해서는……위태롭게 한다: 공황이 처음 발생한 것은 1825년 영국에서였다. 이후부터 반복적으로 일어나 거의 10년 주기(1837년, 1847년, 1857년, 1866년)로 발생했다. 이 같은 경제적 위기상황을 '상업공황Handelskrise'이라 명명한 것은, 기본적으로 과잉 생산된 상품들을 '상업자본'이 잔뜩 사다 놓은 채로 팔지 못하는 상황이 되어, 결국 경기 후퇴와 경제 혼란이 초래되는 데 따른 것이다.

된 것으로 보인다. 왜 그렇게 되는가? 사회가 너무나 많은 문명, 너무나 많은 생활수단, 너무나 많은 산업이나 상업을 가지고 있기 때문이다. 사회가 자유롭게 사용할 수 있는 생산력들은 더 이상 부르주아적 소유관계들의 촉진에는 도움이 되지 않는다.[22] 그 대신에 생산력들이 이 소유관계들에 대해 너무나 강력해지면, 이 관계들에 의해 제동을 당하는 것이다. 하지만 생산력들이 이 제동을 돌파할 경우, 즉각 전체 부르주아 사회는 혼란에 빠지며 부르주아적 소유의 존재가 위협받게 된다. 부르주아적 관계들은 자신들이 만들어낸 부富를 흡수하기에는 너무 협소해진 것이다.── 부르주아계급은 이 공황들을 어떻게 극복하는가? 한편으로는 일정량의 생산력들을 억지로 파괴시킴으로써, 다른 한편으로는 새로운 시장들을 획득하고 옛 시장들을 더욱 철저히 착취함을 통해서이다. 이는 결국 무엇에 의해서인가? 그들이 더 전면적이고 더 강력한 공황을 준비함에 의해서,[23] 그리고

• •

22. 사회가……되지 않는다: "사회가 자유롭게 사용할 수 있는 생산력들"이란 기본적으로 생산력의 과잉 상태를 말한다. 생산력의 과잉이 부르주아적 소유관계의 수용 범위를 넘어 진전되는 경향을 보일 때, 과잉생산 및 공황의 현상이 나타난다.

23. 그들이……의해서: 이 점에서 보아 부르주아계급 자신이 공황을 적극적으로 극복해나간다고는 볼 수 없다. 오히려 그들은 "더 전면적이고 더 강력한 공황을 준비"할 뿐이다. 그리고 이때 공황을 '준비'한다는 것은 그들 자신의 의지가 관철되는 것이기보다는 자본주

공황을 막을 수단을 스스로 약화시키는 것에 의해서이다.[24]

부르주아계급이 봉건제를 타도할 때 사용했던 무기들이 이제는 부르주아계급 자신에게로 향해지는 것이다.

그러나 부르주아계급은 자신들을 죽음에 이르게 할 무기들만을 벼린 것이 아니라, 이 무기들을 사용하게 될 사람들——즉 근대적 노동자계급, 프롤레타리아들Proletarier 또한 만들어낸 셈이다.

부르주아계급 즉 자본이 발전함에 따라, 같은 정도로 프롤레타리아계급Proletariat 즉 근대 노동자계급도 발전한다. 이들 노동자계급은 일자리를 얻는 한에서 살아나가며, 자신들의 노동이 자본을 증식하는 한에서 일자리를 얻을 따름이다. 자신을 조금씩 팔지 않으면 안 되는 이 노동자들은 상업의 다른 모든 품목처

• •

의의 필연적 귀결에 따른 것이다. 왜냐하면 새로운 시장은 결코 무한하지 않고, 더 많은 착취가 추구될수록 공황은 더욱 대규모적이고 파괴적이 될 것이기 때문이다.

24. 그리고……의해서이다: 다가올 공황을 원천적으로 막는 만반의 대비를 갖추는 것이 아니라 오히려 그러한 대비수단이나 방도조차 스스로 차단시키고 약화시킨다는 의미이다.

럼 하나의 상품이며, 따라서 똑같이 경쟁의 온갖 변화에, 시장의
온갖 변동에 노출되어 있다.[25]

　　프롤레타리아의 노동은 기계장치의 확장이나 분업으로 인해
그 독자적 성격을 모두 잃었으며, 따라서 또한 노동자 자신에게
도 일체의 매력을 잃어버렸다. 노동자는 기계의 단순한 부속물
이 되어 있고, 또한 이러한 부속물로서 그에게 요구되는 것이란
극히 단순하고 극히 단조로우며 지극히 손쉽게 습득 가능한
요령뿐이다. 그러므로 노동자로 인해 초래되는 생산 비용이란,
노동자 자신의 생계와 종족 번식에 요구되는 생활수단이 간신
히 확보되는 정도에서 그칠 뿐이다.[26] 그러나 하나의 상품의
가격은, 따라서 또한 노동의 가격은 그 생산비용과 같다.[27] 따라

· ·

25.　자신을……노출되어 있다: 노동자는 그 자신이 하나의 상품으로
　　존재한다. 그리고 이 상품 역시 분업체계 같은 경쟁구조와 시장의
　　온갖 변동에 내맡겨져 있으므로, 상품으로서의 노동자의 가치는
　　다른 모든 상품들처럼 등락을 거듭하기 마련이다.

26.　그러므로……그칠 뿐이다: 여기서 "노동자로 인해 초래되는 생산
　　비용"이란 노동자에게 지급되는 임금을 뜻한다. 그런데 노동자 편
　　에서 볼 때, 이 임금은 그들이 죽지 않고 살아가는 데에, 그리고
　　프롤레타리아계급이라는 '종족'이 멸망하지 않도록 그들이 자식을
　　양육하는 데에 그야말로 최저한의 필요한 금액으로까지 평가 절하
　　되어 있는 셈이다.

서 노동의 불쾌도가 증가하면 할수록, 그 임금은 줄어든다.[28] 그리고 더 나아가 기계장치나 분업이 발달하면 할수록, 노동의 양도 그만큼 증가한다. 노동의 양이 증가하는 것은 가령 노동시간의 증가에 의해서든, 혹은 일정 시간에 요구되는 노동의 증가나 기계의 가동 속도의 증대 등에 의해서든 관철된다.

근대적 산업은 가부장적 장인의 소규모 작업장을 산업자본가의 거대공장으로 전환시켰다. 공장 속에 빽빽이 들어찬 일군의 노동자들은 군대식으로 조직된다. 그들은 하급 산업병사로서, 하사관이나 상관에 의한 완전한 계급조직의 감시 하에 놓인

· ·

27. 그러나……같다: 상품의 가격은 그것을 만들기 위해 들어간 비용과 같다. 앞서 노동 또한 하나의 상품과 다를 바 없다고 했으므로, '노동의 가격' 역시 그 생산비용과 같다고 말한 것이다. 한편 1850년대 후반 이후의 저작들에서 맑스는 '노동의 가치', '노동의 가격'이라는 말 대신에 '노동력의 가치', '노동력의 가격'이라는 표현을 사용한다.

28. 따라서……줄어든다: 노동의 불쾌도가 증가하게 되는 것은 기본적으로 임금노동자의 노동이 기계제 대공업의 발전에 의해, 기계장치에 의해 움직이는 노동이기 때문이다. 즉 제조의 많은 부분을 기계가 행하면 행할수록, 노동은 그 나름의 고유한 기능을 잃게 되며, 더욱 시시하고 흥미 없는 것이 된다. 이에 더해, 단순노동자들 사이에 대량의 상대적 과잉인구가 유입됨으로써, 더욱더 낮은 임금의 구조가 현실화된다.

다. 그들은 단지 부르주아계급, 부르주아 국가의 노예일 뿐만 아니라 매일 매시간 기계에 의해, 감독자에 의해, 그리고 무엇보다도 공장주인 개별 부르주아 자체에 의해 노예화된다. 이 전제 專制는, 그 목적이 영리라고 공공연하게 선언하면 할수록 더욱더 인색하고 더욱더 악의적이고 더욱더 격분을 불러오는 것이 된다.

수공 노동에 필요한 숙련성이나 육체적 수고로움이 적으면 적을수록, 즉 근대적 공업이 발전하면 할수록, 남성들의 노동은 점점 더 여성들 및 어린이들의 노동에 의해 그 자리를 잃게 된다.[29] 노동자계급에게 있어서는 성별이나 연령의 차이는 더 이상 아무런 사회적 가치도 갖지 않는다. 연령이나 성별에 따라 제각각 비용이 달리 드는 노동도구들만이 있을 뿐이다.[30]

• •

29. 수공 노동에……잃게 된다: cf.『임노동과 자본』에는 이렇게 서술 되어 있다. "기계는 이와 같은 영향을 훨씬 대규모로 만들어낸다. 왜냐하면 기계는 숙련노동자를 비숙련노동자로, 남성을 여성으로, 성인을 어린이로 대체시키기 때문이고, 또한 새로 기계가 도입된 곳에서는 수공 노동자를 대량으로 거리로 내던져버리며, 더욱 완성 되고 개량되어 보다 생산성 높은 기계로 탈바꿈하는 곳에서는 노동 자를 한 무리씩 해고시켜나가기 때문이다." 한편 1872년판 이후 "여성들 및 어린이들"이라는 표현에서 '어린이들'은 삭제된다.

30. 연령이나……뿐이다: 노동자들은 이와 같이 '노동도구' 또는 다른

노동자가 자신의 노동임금을 현금으로 받아 공장주로부터 그때까지 당해온 착취에서 벗어나는 그 순간, 그는 이제 다른 부르주아계급 즉 집주인, 가게 주인, 전당포 주인 등등에 의해 착취당하기 시작한다.

지금까지 하층 중산계급을 이룬 소산업주, 상인 및 금리생활자, 수공업자 및 농민 등 이들 모든 계급은 프롤레타리아계급으로 전락한다. 그 이유는 어떤 경우 그들의 소자본이 대규모 산업 경영에 대항할 수 없고 대자본가들과의 경쟁에서 패하기 때문이며, 또 어떤 경우는 새로운 생산방식으로 인해 그들의 숙련성이 가치를 잃어버리기 때문이다. 이리하여 프롤레타리아계급은 인민의 모든 계급들로부터 충원된다.

프롤레타리아계급은 다양한 발전단계들을 거쳐나간다. 부르주아계급에 대항한 그들의 투쟁은 그들의 출현과 함께 시작된다.

• •

생산비용 항목 중의 하나가 된다. 다만 그들의 연령이나 성별에 따른 차이만이 있을 뿐이다.

처음에는 개개 노동자들이, 그 다음에는 한 공장의 노동자들이, 그리고 그 다음에는 어떤 지역에서의 한 노동부문의 노동자들이 그들을 직접 착취하는 개개 부르주아에 대항해 투쟁해나간다. 노동자들은 부르주아적 생산관계뿐만 아니라 생산도구들 자체까지도 공격을 가한다. 즉 그들은 [자신들의 노동과] 경합을 벌이는 외국 상품들을 파괴하고, 기계들을 때려 부수는가 하면, 공장을 불태우기도 하고, 잃어버린 중세 노동자의 지위를 다시금 되찾으려고 노력한다.[31]

이 단계에서의 노동자들은, 전국으로 분산되어 있고 경쟁으로 분열되어 있는 일군의 무리일 뿐이다. 설령 노동자들이 결집하여 커다란 단체를 만드는 경우가 있다고 해도, 그것은 아직 그들 자신의 단결의 결과가 아니라 부르주아계급이 단결한 결과이다. 부르주아계급은 자신들의 정치적 목적들을 달성하기 위해 프롤레타리아계급 전체를 이용할 수밖에 없었고, 또한 당

31. 노동자들은……노력한다: 대표적인 역사적 사건으로는 19세기 초 영국의 러다이트 운동(1811~1812년), 맨체스터의 피털루 사건(1819년), 그리고 프랑스 리옹의 노동자 봉기(1831~1833년) 등이 유명하다. 특히 러다이트 운동은 영국의 수공업자들이 자신들의 일자리를 **빼앗은** 섬유기계를 파괴한 폭동(즉 기계파괴운동)으로 주로 알려져 있지만, 실제로는 자본가에게 빌려 사용하던 기계를 파괴함으로써 자본가의 착취에 맞서 계급투쟁을 벌인 노동운동이었다.

분간은 이용할 수 있었기 때문이다. 따라서 이 단계에서 프롤레타리아는 아직 자신의 적과 싸우는 것이 아니라 자신의 적의 적들, 즉 절대왕정의 잔재, 토지소유자, 비산업 부르주아, 소小부르주아와 싸우는 것이다. 모든 역사적인 운동이 이와 같이 부르주아계급의 수중에 집중되어 있으며, 또한 그렇게 획득되는 승리는 모두 부르주아계급의 승리이다.[32]

그러나 산업의 발전과 더불어, 프롤레타리아계급은 단지 양적으로 늘어나는 것만이 아니다. 프롤레타리아계급은 한층 커다란 집단들로 모여들고, 그 힘은 증대하며, 또한 더욱 강해진 자신의 힘을 느낀다. 기계장치가 점점 더 노동의 차이를 없애버리고 임금을 거의 모든 곳에서 동일하게 낮은 수준으로 떨어뜨림에 따라, 프롤레타리아계급 내부에서의 이해관계나 생활 상태는 점점 더 평균화된다. 부르주아 상호 간의 경쟁의 격화 및 이로부터 일어나는 상업공황들에 의해, 노동자의 임금은 한층 변동적인 것이 된다. 기계의 개량이 끊임없이 진행되고 더욱

· ·

32. 따라서……승리이다: 이 단계에서 노동자들이 싸우는 상대는 자신들의 적이 아니라 부르주아계급의 적, 즉 왕정시대에 살아남은 귀족이나 지주들이므로, 결국 노동자들의 투쟁 운동은 부르주아계급의 세력 범위 내에서 일어나는 셈이며, 이 투쟁에서 얻어지는 승리 역시 최종적으로는 부르주아계급의 승리가 될 뿐이다.

급속하게 발전함에 따라, 노동자들의 전반적인 생활 상태는 더욱 불안정한 것이 된다. 개별 노동자와 개별 부르주아 간의 충돌들이 점차 두 계급 간의 충돌의 성격을 띠게 된다. 이리하여 노동자들은 부르주아에 대항하는 동맹을 맺기 시작한다. 그들은 노동임금을 유지하기 위해 서로 협력한다. 그들은 불시의 반란을 위해 식량을 축적하는 지속적인 조합을 만든다. 때로는 투쟁이 폭동이 되어 폭발한다.

때때로 노동자들이 승리하는 경우가 있지만 그것은 일시적일 뿐이다. 그들의 투쟁이 갖는 본연의 성과는 직접적인 성공에 있는 것이 아니라 노동자들의 단결이 더욱 확대된다는 데에 있다.[33] 이 같은 단결은 대규모 산업이 만들어내는 교통 및 통신수단[34]의 성장에 의해 촉진되는데, 각기 다른 지역에 있는 노동자들은 이 수단을 이용해 서로 연락한다. 그리하여 도처에서

• •

33. 그들의……있다: 맑스와 엥겔스는 노동자들의 노동조합 활동이 경제적 이득을 쟁취하는 데에 자족하기보다는, 그 활동을 통해 노동자들의 단결이 더욱 확대되고 노동계급이 대중 정당으로 변화되는 과정으로까지 나아가야 함을 거듭 주장한다.

34. 교통 및 통신수단: 'Kommunikationsmittel'을 옮긴 것으로, 이때의 '커뮤니케이션Kommunikation'은 넓은 의미에서 언어를 포함한 의사소통 전반을 가리키지만, 좁은 의미에서는 이른바 인간의 교류 수단으로서의 도로, 철도, 통신 등을 뜻한다.

동일한 성격을 갖는 많은 지역적 투쟁들을 하나의 국민적 투쟁, 계급투쟁으로 집중시키는 데에는, 단지 이 연락만으로 충분하다. 그러나 모든 계급투쟁은 하나의 정치투쟁이다. 변변한 큰길이 없었던 중세 시민들이 수 세기가 걸려서도 이루지 못했던 그 단결을, 근대 프롤레타리아는 철도 덕분에 단 몇 년 안에 이루어내는 것이다.

프롤레타리아는 이와 같이 계급으로, 따라서 또한 정당으로 조직되지만, 이러한 조직화는 항상 다시금 노동자들 간의 경쟁에 의해 파괴된다. 그러나 이 조직은 그때마다 소생하고 점차 강해지며 군건해지고 우세해진다. 노동자 조직은 부르주아계급의 분열을 이용함으로써, 노동자들의 개개 이익을 법률 형태로 승인하도록 강제한다. 영국에서의 10시간 노동법은 그 한 예이다.[35]

● ●

35. 노동자 조직은……예이다: 영국 노동자들은 노동조합을 만들어 단결했고 10년 동안의 차티스트 운동을 벌여서 1847년에 10시간 노동 법안을 의회에서 통과시켰다. 이것의 핵심 내용은 여성 노동자와 어린이 노동자의 하루 노동시간을 10시간으로 제한하는 것이었다(그러나 이때까지도 성인 남성노동자에 대한 노동시간 규제는 없었다). 당시 자유무역론자들은 이 법안에 강력 반대했지만, 때마침 곡물법이 폐지된 데에 분노한 지주들이 이 법안을 의회에서 통과시켜버린 것이다. 이는 부르주아 간에 분열이 일어난 한 사례이다.

대체로 낡은 사회 내부의 충돌들은 여러 측면에서 프롤레타리아계급의 발전과정을 촉진시킨다. 부르주아계급 자체가 부단한 투쟁 상태에 처해 있다. 즉 처음에는 귀족에 대항하여, 그 후에는 산업의 진보에 적대적인 이해관계를 지닌 다른 부류의 부르주아계급에 대항하여 투쟁을 벌였다. 그리고 항상 모든 외국 부르주아계급과 투쟁 상태에 있었다. 이 모든 투쟁들에서 그들은 프롤레타리아계급에게 호소하여 도움을 요청하지 않으면 안 되며, 이리하여 프롤레타리아계급을 정치운동 속으로 끌어들이지 않을 수 없다. 따라서 부르주아계급 자신이 프롤레타리아계급에게 그들 자신의 정치교양 및 일반교양의 요소를 제공하는 셈이다. 다시 말해 부르주아계급 자신이 프롤레타리아계급에게 부르주아계급과 싸울 무기들을 공급해주는 셈이다.[36]

더 나아가 이미 살펴보았듯이, 산업의 진보로 인해 지배계급의 구성원 다수가 프롤레타리아계급으로 전락하거나 또는 적어도 그 생활조건이 위협에 처하게 된다. 이들도 또한 프롤레타리아계급에게 많은 교양요소들[37]을 제공한다.

· ·
36. 따라서……셈이다: 여기서 '정치교양 및 일반교양의 요소'의 원어는 'Bildungselemente교양요소들'이지만, 영어본에 의거해 이렇게 옮겼다.

계급투쟁이 드디어 결전에 가까운 시기가 되면, 지배계급 내부에서 그리하여 사실상 낡은 사회 전체 내부에서 진행되는 해체 과정은 지극히 맹렬하고 날카로운 성격을 띠게 되며, 지배계급의 작은 일부가 거기에서 뛰쳐나와 혁명적 계급에, 즉 미래를 그 손에 쥐고 있는 계급에 동참한다. 따라서 과거에 귀족의 일부가 부르주아계급 쪽으로 넘어갔듯이, 이제는 부르주아계급의 일부가, 특히 전체 역사 운동의 이론적 이해에 힘을 쏟은 부르주아 사상가들 일부가 프롤레타리아계급 쪽으로 넘어간다.

오늘날 부르주아계급에 대립하고 있는 모든 계급들 중에서 프롤레타리아계급만이 진정 혁명적인 계급이다. 나머지 계급들은 대공업이 일어남과 함께 쇠퇴하고 결국 사라진다. 반면 프롤레타리아계급은 대공업의 가장 특유한 산물인 것이다.

중산계급, 즉 소산업가, 소상인, 수공업자, 농민들은 모두 중산계급으로서의 자신들의 존재를 파멸로부터 지키기 위해서 부르주아계급과 투쟁한다. 따라서 그들은 혁명적이지 않고 오

..
37. 교양요소들: 1888년 영어판에서는 '계몽과 진보의 새로운 요소들'로 바꿔 표현되고 있다.

히려 보수적이다.[38] 아니 그 이상으로 그들은 반동적인데, 왜냐하면 그들은 역사의 수레바퀴를 거꾸로 돌리려고 하기 때문이다. 만약 그들이 혁명적이라고 한다면, 그것은 바로 그들 자신이 프롤레타리아계급으로 옮겨가게 될 시기가 임박해 있는 사정 때문이다. 만약 그런 경우라면, 그들은 자신들의 현재의 이익을 지키는 것이 아니라 미래의 이익을 지키는 셈이며, 그들 자신의 입장을 버리고 프롤레타리아계급의 입장에 서는 셈이다.

룸펜 프롤레타리아계층,[39] 즉 구 사회의 최하층들에서 떨어져 나온 이 소극적인 부패층은 프롤레타리아혁명에 의해 때로는 운동에 휩쓸려 들어가지만, 그러나 그 생활상태 전반에서 보자면 반동적 책략에 기꺼이 매수되기 십상이다.

· ·

38. 중산계급……보수적이다: 이들 하층 중산계급이 부르주아계급에 맞서 투쟁하는 것은 사실이지만, 그러나 이는 현상 전체를 변화시키려는 의도에서가 아니라 단지 자신들의 지위와 현실을 지키기 위한 의도에 지나지 않는다는 점에서, 그들의 정치적 입장은 혁명적이지 않고 보수적이라고 말하는 것이다.

39. 룸펜 프롤레타리아계층Lumpenproletariat: 맑스가 처음 사용한 용어로, 노동자계급에서 전락하여 기생적 생활을 하는 사회계층, 즉 부랑자·범죄자·매춘부 등을 가리킨다. 이들은 프롤레타리아계급과 함께 혁명 활동에 참여하는 것이 아니라 부르주아계급에 매수되어 반동적인 음모의 도구 노릇을 하는 경향이 있다.

옛 사회의 생활조건들이 이미 프롤레타리아계급의 생활조건
들 속에서는 소멸되어 있다. 프롤레타리아는 소유하지 않는다.
그가 아내나 자식에 대해 갖는 관계는 부르주아적 가족관계와
더 이상 아무런 공통점도 없다. 근대적 산업노동, 자본에의 근대
적 예속은 영국이나 프랑스나 아메리카나 독일이나 모두 마찬
가지이며, 프롤레타리아로부터 국민적 성격을 완전히 박탈해버
렸다. 법률, 도덕, 종교라는 것은 프롤레타리아에게는 그만큼
많은 수의 부르주아적 이익을 숨기고 있는 수많은 부르주아적
편견들이나 다름없다.

지배권을 장악한 이전의 모든 계급들은 자신들이 획득한 조
건들에 전체 사회를 종속시킴으로써, 이미 획득하고 있는 생활
상태를 계속 유지하고자 노력했다.[40] 프롤레타리아는 지금까지
의 자신의 획득방식, 따라서 또한 지금까지의 모든 획득방식을
버림으로써만 사회적 생산력을 획득하는 것이 가능하다.[41] 프롤

· ·

40. 지배권을······노력했다: 지금까지 세상을 지배해온 그 어떤 사람들
    도, 자손에 이르기까지 자신들의 사회적 지위나 생활상태가 안정될
    수 있도록, 세상을 그렇게 제어하고 변모시켜왔다.

41. 프롤레타리아는······가능하다: 그러나 프롤레타리아가 생산의 힘
    을 제어하고 책임지는 것이라면, 프롤레타리아계급 자신이 지금까

레타리아에게는 지켜야 할 자신의 것이 아무것도 없으며, 그들은 지금까지의 모든 사적 안전이나 사적 보장을 파괴해야만 한다.[42]

지금까지의 모든 운동들은 소수자의 운동이거나 소수자의 이익을 위한 운동이었다. 프롤레타리아의 운동은 엄청난 다수의 이익을 위한, 엄청난 다수에 의한 자립적인 운동이다. 현 사회의 최하층인 프롤레타리아계급은 공식적 사회를 형성하는 계층들의 상층부 전체를 날려버리지 않고서는, 몸을 일으킬 수도 또 바로 설 수도 없다.

내용상으로는 아니지만 형식상으로 부르주아계급에 대한 프롤레타리아계급의 투쟁은 처음에는 한 나라 안에서의 투쟁이다. 각국의 프롤레타리아계급은 응당 우선은 자기 나라의 부르주아계급과 결말을 내야 한다.

지금까지 우리는 프롤레타리아계급 발전의 가장 일반적인

･･
　지 해온 이익을 올리는 방법, 그리고 과거에 있었던 이익을 올리는
　방법 모두를 파괴하는 수밖에 없다.
42.　그들은……한다: 자신의 재산을 지키려고 하는 사람들이 만들어온
　구조를 모조리 부수어버리는 것이 프롤레타리아계급의 사명이다.

단계들을 그려보는 가운데, 현존 사회 내부에 다소간 잠복해 있는 내전이 공공연한 혁명으로 발화해가고 프롤레타리아계급이 부르주아계급을 강압적으로 붕괴시켜 자신의 지배를 확고히 굳히는 지점까지 살펴보았다.

이미 보았듯이, 이제까지의 모든 사회는 억압하는 계급과 억압당하는 계급의 대립에 근거해 있었다. 그러나 하나의 계급을 억압할 수 있기 위해서는, 그 억압당하는 계급이 최소한 노예적 생존을 연명할 수 있는 조건들만은 보장되어 있어야 한다. 농노는 농노제 하에서 노력하여 자치제Kommune의 구성원이 되었고, 소시민은 봉건적 절대주의의 억압 아래에서 어렵사리 부르주아가 되었다. 이에 반해 근대의 노동자는 산업의 진보와 함께 그 지위가 향상되는 것이 아니라 자기 계급의 조건들보다 더 열악한 처지로 점점 더 깊이 가라앉고 있다. 노동자는 빈민이 되고, 사회적 빈곤은 인구나 부가 증가하는 것보다도 훨씬 더 급속히 전개되고 있다. 이로써 부르주아계급이 더 이상 사회의 지배계급으로 머물러 있을 수 없으며, 사회에 그들 계급의 생활조건들을 규제적 법칙으로서 강요할 능력이 없다는 것이 명백해진다. 부르주아계급은 자신의 노예들에게 노예상태 내의 생존조차 보장해줄 수 없기 때문에, 그리고 노예들로부터 부양받기는커녕 도리어 부르주아계급이 노예를 부양해야 하는 그런

처지에 노예를 빠뜨리지 않을 수 없기 때문에, 부르주아계급은 지배할 능력이 없는 것이다. 사회는 더 이상 부르주아계급 아래에서는 생존할 수 없다. 다시 말해 부르주아계급의 생존은 더 이상 사회와 양립할 수 없다.[43]

부르주아계급의 생존과 지배에 있어 가장 본질적인 조건은 사적 개인의 수중에 부가 축적되는 것, 즉 자본의 형성과 증식이다. 그리고 자본의 조건은 임금노동이다. 임금노동은 오로지 노동자들 상호 간의 경쟁에 근거한다. 무심결에 산업의 진보를 촉진하는 자는 부르주아계급이지만, 그러나 이 같은 진보는 경쟁을 통해 노동자들을 제각기 고립시키는 것이 아니라 연합을 통해 노동자들의 혁명적 단결을 만들어낸다. 그러므로 대공업이 발전함과 더불어, 부르주아계급이 생산해내고 생산물들을 취득해온 그 토대 자체가 그들의 발밑에서 와해된다. 그들은 특히 자신들의 무덤을 파는 사람을 키워내는 셈이다.[44] 그들의

• •

43. 다시 말해……없다: 부르주아계급의 지배는 결국 모든 계급의 절대적 궁핍화에 이르게 되므로, 그것은 종식될 수밖에 없다.

44. 그들은……셈이다: 이 유명한 표현은 당초 프루동이 『소유란 무엇인가』(1840)에서 말한 다음 구절의 영향으로 볼 수 있다. "소유의 지배 하에서 산업의 꽃은 장례식의 화환으로나 쓰일 뿐이며, 일하고 있는 노동자는 자신의 무덤을 파는 셈이다." 그러나 여기서 프루동은 재산 체제 하의 노동자가 노동을 통해 자기 파괴를 준비하는

몰락과 프롤레타리아계급의 승리는 똑같이 불가피하다.

. .
것이나 다를 바 없음을 강조하고 있는 반면, 맑스와 엥겔스는 부르
주아계급 스스로가 자신들의 무덤을 파는 프롤레타리아계급을 키
워내는 것임을 말하고 있다.

제2장 프롤레타리아와 공산주의자

공산주의자들은 프롤레타리아 일반과 어떠한 관계에 있는가?

공산주의자들은 다른 노동자당들에 비해 특수한 당은 아니다.

그들은 전체 프롤레타리아계급의 이해관계로부터 동떨어진 이해관계를 갖고 있지 않다.

그들은, 어떤 특별한 원칙들을 내건 다음 그 틀에 프롤레타리아 운동을 맞추려고 하지 않는다.

공산주의자들은 단지 다음과 같은 점에 의해서만 다른 프롤레타리아 당들과 구별될 뿐이다.

(1) 여러 나라 프롤레타리아들이 각기 벌이는 다양한 국내 투쟁들 속에서, 공산주의자들은 국적과는 상관없이 프롤레타리아계급 전체의 공통 이익을 강조하고 또한 그것을 관철시킨다.

(2) 공산주의자들은 프롤레타리아계급과 부르주아계급 간의 투쟁이 거쳐나가는 여러 발전단계들 내에서 항상 운동 전체의 이익을 대변한다.

따라서 실천적인 면에서 공산주의자들은 모든 나라의 노동자 정당들 내에서 가장 단호하고 항상 추진적인 부분이며, 이론적으로는 프롤레타리아계급의 다른 집단들에 앞서서, 프롤레타리아 운동의 조건들과 진행 그리고 일반적 결과를 간파하는 힘을 갖고 있다.

공산주의자들의 당면 목적은 다른 모든 프롤레타리아 정당들의 목적과 동일하다. 즉 프롤레타리아를 하나의 계급으로 형성하는 일, 부르주아계급 지배를 타도하는 일, 프롤레타리아계급을 통해 정치권력을 쟁취하는 일이 바로 그것이다.

공산주의자들의 이론적 명제들은 결코 이러저러한 세계 개량가들이 고안하거나 발견해낸 이념이나 원칙들에 기초해 있는 것이 아니다.

공산주의자들의 이론적 명제들은 현존하는 계급투쟁의, 우리 눈앞에서 일어나는 역사적 운동의 사실적 관계들을 일반적으로 표현한 것일 뿐이다. 지금까지의 소유관계들을 폐지하는 것은 공산주의의 독특한 특징은 아니다.[45]

모든 소유관계들은 부단한 역사적 교체, 끊임없는 역사적 변화를 겪어왔다.

예를 들어 프랑스혁명은 부르주아적 소유를 위해 봉건적 소유를 철폐했다.

공산주의의 특징적인 측면은 소유 일반을 폐지하는 것이 아니라 부르주아적 소유를 폐지하는 것이다.

그런데 근대 부르주아적 사유재산은 계급대립에 의거하는

· ·
45. 지금까지의……아니다: 태고 이래로 오늘날까지 형성되어온 소유관계들 일체를 전면적으로 폐지하자는 주장을 공산주의자들이 하고 있는 것은 아니다. 즉 공산주의가 소유 일반의 폐지를 주장하는 것은 아니다.

즉 소수가 다수를 착취하는 것에 의거하는, 생산물의 생산 및 취득에 대한 최종적이고도 가장 완전한 표현이다.

이런 의미에서 공산주의자들은 자신들의 이론을 사유재산의 폐지라는 하나의 표현으로 요약할 수 있다.

사람들은 개인적으로 획득한 재산, 스스로 일해서 얻은 재산, 즉 일체의 개인적 자유, 활동, 자립성의 기초를 이루는 재산을 우리 공산주의자들이 폐지하려고 한다고 비난해 왔다.

일해서 얻은, 고생해서 얻은, 스스로 획득한 재산이라니! 당신들은 부르주아적 재산 이전부터 있었던 소시민의 재산, 소농민의 재산을 말하는 것인가? 그런 것이라면 폐지할 필요도 없다. 산업의 발전이 이미 그것을 폐지했고 또한 나날이 폐지되고 있다.

아니면 당신들은 근대의 부르주아적 사유재산을 말하는 것인가?

그런데 임금노동, 프롤레타리아의 노동이 그에게 재산을 가져다주는가? 결코 가져다주지 않는다. 임금노동은 자본이라는 일종의 재산을 만들어낸다. 그런데 이 자본은 임금노동을 착취하며, 또한 그것은 새로운 임금노동을 창출하여 그것을 다시 착취한다는 조건이 없으면 스스로 증식될 수 없는 재산이다. 오늘날의 형태에서 재산은 자본과 임금노동의 대립 속에서 움직인다. 이 대립의 양 측면들을 고찰해보자.

자본가라는 것은 생산에 있어 순전히 개인적인 지위를 점하고 있는 것이 아니라 하나의 사회적인 지위를 점하고 있는 것이다.[46] 자본이란 하나의 공동 생산물로서, 사회의 다수 구성원들의 공동 활동에 의해서만, 아니 궁극적으로는 사회의 모든 구성원들의 공동 활동에 의해서만 가동될 수 있다.

그러므로 자본은 개인적인 힘이 아니라 그것은 하나의 사회적인 힘이다.

따라서 자본이 사회의 모든 구성원들에게 속하는 공동 재산으로 전환된다고 해서, 그것에 의해 개인적 재산이 사회적 재산으로 바뀌는 것은 아니다. 바뀌는 것은 오직 재산의 사회적 성격

46. 자본가라는……것이다: 부의 축적은 단지 한 개인의 성취가 아니라 하나의 사회적 창출이다.

뿐이다. 즉 재산은 그 계급적 성격을 잃는 것이다.[47]

임금노동의 문제로 나아가보자.

임금노동의 평균가격은 노동임금의 최저한도 액수이다. 즉 노동자가 노동자로서 생명을 유지하는 데 없어서는 안 되는 생계수단의 총계일 뿐이다. 다시 말해 임금노동자가 그 활동에 의해 획득하는 것은 자신의 생명을 재생산하는 데에 간신히 족할 정도의 것뿐이다. 우리는,[48] 생명 그 자체를 재생산하는 데 필요한 노동생산물을 개인이 취득하는 것까지 없애려고 하는 것이 결코 아니다.[49] 그러한 취득은 타인의 노동에 대한 지배권이 될 정도의 순익純益을 남기지 않기 때문이다.[50] 어디까지나

• •

47. 따라서……것이다: 이 재산을 공동 재산으로 전환시키는 일은 결코 개인의 재산을 몰수하여 모든 사람의 소유('사회적 재산')로 바꿔 놓는 것을 뜻하는 것이 아니다. 오히려 그것은 부르주아계급에 의해 독점되어온 재산의 계급적 성격을 제거함으로써 '재산의 사회적 성격'을 변화시키는 일일 뿐이다.

48. 우리는: 이하에서 '우리'는 모두 '공산주의자들'을 가리킨다.

49. 우리는……아니다: 임금노동자에게 노동생산물이란 자신의 생계를 간신히 유지하고 또 자식을 낳아 기르는 데 꼭 필요한 최저 수준에 불과하다. 공산주의자들은 이 같은 최저 수준의 개인적 취득까지 없애자고 주장하는 것이 결코 아니다.

우리가 바라는 것은 노동자의 이 같은 취득이 갖는 비참한 특질을 없애는 일이다. 즉 노동자가 살아나가는 것이 단지 자본을 증식하기 위한 데에 있고, 더욱이 지배계급의 이익이 자본을 필요로 하는 한에서만 살아가도록 허용되어 있는 저 비참한 현실을 우리는 폐지하고자 하는 것이다.

부르주아 사회에서는 살아 있는 노동이 축적된 노동을 불리기 위한 수단에 불과하다.[51] 공산주의 사회에서는 축적된 노동이란 노동자들의 생활과정을 넓히고 부유하게 만들며 촉진하기 위한 수단일 따름이다.

따라서 부르주아 사회에서는 과거가 현재를 지배하며, 공산주의 사회에서는 현재가 과거를 지배한다. 부르주아 사회에서 자본은 독립적이고 인격적인 반면, 활동하는 개인은 비독립적

⠄⠄

50. 그러한……때문이다: 이 노동 생산물을 가지고 노동자가 타인을 고용해 일을 시킬 만한 힘을 갖게 되는 것은 아니기 때문이다.

51. 부르주아……불과하다: 여기서 '살아 있는 노동'은 노동과정에서 늘 새로운 가치를 창출하는 '직접적인 노동'을 말하며, '축적된 노동'은 생산수단 속에 대상화되어 있는 과거의 노동을 말한다(따라서 후자는 흔히 '과거의 노동', '대상화된 노동'이라고도 표현된다). 부르주아 사회에서 후자는 결국 '자본'으로 귀결되며, 이는 노동자가 행하는 살아 있는 노동 전반을 지배하게 된다.

이고 비인격적이다.

그런데 이런 상황을 폐지하자는 것을 부르주아계급은 인격과 자유의 폐지라고 한다! 정말로 그러하다. 확실히 여기서 문제되고 있는 것은 부르주아적 인격, 부르주아적 자립성, 부르주아적 자유의 폐지이기 때문이다.

현재의 부르주아적 생산관계들 내에서 자유란 자유로운 상업, 자유로운 판매와 구매를 의미한다.

그러나 상행위 [자체]가 없어지면, 자유로운 상행위도 없어지는 법이다.[52] 대체로 자유로운 상행위라는 상투적 표현은, 부르주아계급이 자유에 관해 늘어놓는 다른 온갖 허세와 마찬가지로, 중세의 속박된 상거래나 중세의 노예화된 시민에 대해 말할 때에나 의미가 있을 뿐, 상행위나 부르주아적 생산관계들이나 부르주아계급 자체를 공산주의적으로 폐지시키는 것에 대해서는 무의미한 것이다.

• •
52. 그러나⋯⋯법이다: 그러나 부르주아가 지배하는 오늘날의 악덕
     상행위가 전면 폐지된다면, 그들이 말하는 이른바 '자유로운 상행
     위'라는 것도 당연히 의미를 잃게 마련이다.

여러분은 우리가 사유재산을 폐지하려고 하는 것에 대해 경악한다. 하지만 여러분의 현존 사회에서 사회구성원 중 10분의 9에게는 사유재산이 이미 폐지되어 있다. 다시 말해 사유재산이란, 10분의 9의 사람들한테는 존재해 있지 않다는 바로 그 점에 의해, 존재하고 있는 것이다. 그러므로 여러분은, 사회의 압도적 다수가 재산을 갖지 못하는 것을 필연적 조건으로서 전제하는 그러한 재산의 소유형태를 우리가 폐지하려고 하는 것에 대해, 우리를 비난하고 있는 것이다.

한마디로 말해, 여러분들은 우리가 여러분의 재산을 폐지하려 한다고 우리를 비난하는 것이다. 물론 우리는 그것을 확실히 원한다.

노동이 더 이상 자본, 화폐, 지대地代로, 요컨대 어떤 독점 가능한 사회적 힘으로 결코 바뀔 수 없게 되는 그 순간부터, 즉 개인적 재산이 더 이상 부르주아적 재산으로 전환될 수 없는 그 순간부터, 개인은 폐지되고 만다고 여러분은 단언한다.

그렇다면, 여러분이 이해하는 '개인'이란 부르주아, 즉 부르주아적 소유자 외의 다른 누구도 아님을 여러분 스스로 고백하는 셈이다. 그리고 이러한 개인은 확실히 폐지되는 것이 마땅하다.

공산주의는 어느 누구로부터도 사회적 생산물을 취득할 힘을 빼앗지 않는다.[53] 다만 이 취득을 통해 타인의 노동을 자신에게 예속시키려고 하는 힘을 빼앗을 따름이다.[54]

사유재산을 폐지하면, 온갖 활동이 중단될 터이고 또한 나태가 전반적으로 만연하게 되리라는 항변이 있어 왔다.

이 생각에 따른다면, 부르주아 사회는 태만 때문에 오래전에 이미 파멸한 상태여야 마땅할 것이다. 왜냐하면 이 사회에서는 노동하는 사람들은 벌지 못하고, 무언가를 버는 사람들은 노동하지 않기 때문이다. 이 같은 온갖 의구심들은 결국, 자본이 없어지면 임금노동도 없어진다는 논조를 다른 말로 고쳐 말한 것일 뿐이다.[55]

• •

53. 공산주의는……않는다: 공산주의는 사회구성원 모두가 함께 생산해낸 것을 그들 각자가 자신의 소유물로 삼는 것까지 책망하고 있는 것이 아니다.

54. 다만……따름이다: 다만 이 생산물의 전유를 통해, 타인을 강제로 일하게끔 하고 착취하려는 힘을 손에 넣을 수 없게 할 따름이다.

55. 이 같은……뿐이다: 자본이라는 일종의 재산을 만들어내는 것은 어디까지나 프롤레타리아의 생산적 노동이다. 그런데 부르주아들은 이를 거꾸로 이야기한다. 즉 자본이 있어야만 일자리도 임금도

물질적 생산물의 공산주의적 취득 및 생산방식에 대해 가해지는 온갖 비난들은 정신적 생산물의 취득 및 생산에도 마찬가지로 가해져 왔다. 부르주아에게는 계급적 재산의 소멸이 곧 생산 자체의 소멸이듯이, 또한 그에겐 계급적 교육이 없어지는 것은 교육 일반이 없어지는 것과 같은 것이다.

　부르주아가 잃게 되리라 한탄하는 그런 교육이란 압도적 다수에게는 기계로서 작동하기 위한 단순한 훈련일 뿐이다.

　하지만 자유, 교육, 법률 등에 대한 당신들의 부르주아적 관념을 잣대로 [우리가 진정 의도하는] 부르주아적 소유의 폐지를 논하려고 하는 한에서는, 결코 우리에게 대적해서는 안 된다. 당신들의 이념 자체가 부르주아적 생산관계 및 소유관계의 산물이기 때문이다. 또한 마찬가지로 당신들의 법률은 단지 법으로까지 높여진 당신들의 계급의 의지이며, 이 의지의 내용은 당신들의 계급이 처한 물질적 생활조건들 속에 주어져 있을

• •

　　주어질 수 있다는 것이다. 바로 이러한 논리 하에 부르주아들은, 만약 사유재산이 폐지된다면 부르주아가 스스로 운용할 자본이 손에 쥐어져 있지 않을 터이고, 이는 결국 프롤레타리아의 노동이나 활동의 여지도 빼앗아버릴 것이라고 주장한다.

뿐이다.

당신들이 처해 있는 생산관계 및 소유관계들이란 생산의 발전과정 속에서 지나가버리는 일시적이고 역사적인 관계들임에도 불구하고, 당신들은 이 관계들을 마치 자연 및 이성의 영원한 법칙인 것처럼 여기고 있다. 그런데 바로 이 같은 자기 본위의 사고방식은 모든 몰락한 지배계급들이 갖는 사고방식과 동일한 것이다. 바로 당신들 자신이 고대적 소유에 대해 그리고 봉건적 소유에 대해 충분히 간파하고 있음에도, 부르주아적 소유에 대해서는 아예 이해하려고 하지 않는 것이다.

가족의 폐지! 가장 급진적인 사람들조차 공산주의자들의 이 악명 높은 제안에 대해서는 격노한다.

현재의 가족, 부르주아의 가족은 무엇에 기초해 성립해 있는가? 그것은 자본에, 그리고 개인적 소득에 기초해 있다.[56] 때문에 [외관상] 가족이 완전히 발전된 형태로 존재하는 [듯한] 것은

• •

56. 그것은……기초해 있다: 여기서 부르주아의 가족을 성립케 하는 기초로서의 '자본'이란 주로 재투자 또는 돈벌이의 밑천을 말한다. 그리고 '개인적 소득'이란 이 자본을 사용해 벌어들인 수입 소득을 말한다.

오직 부르주아계급밖에 없다. 그러나 이 같은 상황의 이면에는, 프롤레타리아로 하여금 가족을 잃게 만드는 현실과 매춘이 공공연히 벌어지는 사실이 숨어 있다.

자신들의 이러한 보완물이 없어질 경우 부르주아의 가족도 당연히 사라질 것이며, 또한 자본이 소멸할 경우 이 둘 다 소멸할 것이다.[57]

당신들은, 부모가 어린아이들을 착취하는 것을 이제는 끝내게 하려 한다고 우리를 비난하는가?[58] [이것이 비난받을 만한

••

57. 자신들의……소멸할 것이다: 부르주아 가족을 존립케 하는 '보완 물'이란 바로 앞 문장에서의 "프롤레타리아로 하여금 가족을 잃게 만드는 현실과 매춘이 공공연히 벌어지는 사실"을 가리킨다. 만약 부르주아 편에서 이 보완물이 없어진다면, 그리하여 특히 프롤레타 리아계급이 각자 가족을 이룰 만큼 풍족하게 된다면, 이 경우 부르 주아계급은 가족을 구성할 수 없게 된다. 왜냐하면 본래 후자의 가족은 전자의 가족의 해체 내지 붕괴 위에서 지탱되는 것이기 때문이다. 그리고 가족을 유지해나갈 재투자의 밑천이나 생활자금, 즉 자본이 없다면, 이 두 계급 모두 애당초 가족을 꾸려나가기란 불가능한 일이다.

58. 당신들은……비난하는가?: 여기서 부모가 어린아이들을 '착취'한 다는 것은 한 가족 내에서 부모가 어린아이들로 하여금 일을 하게 해서 돈을 벌게끔 하는 구조를 말한다.

죄라면] 우리는 이 죄를 인정한다.

그러나 당신들은, 우리가 가정에서의 교육을 사회교육으로 바꿔놓음으로써 가장 친밀한 [혈연]관계를 파괴시켜버린다고 말한다.

그런데 당신들이 말하는 교육 또한 사회에 의해 규정되어 있지 않은가? 당신들이 생각하는 교육 역시, 그 교육이 이루어지는 사회적 관계들에 의해서, 그리고 학교 등을 매개로 한 사회의 직간접적인 개입에 의해서 규정되어 있지 않은가? 사회가 교육에 영향을 미치는 것은 공산주의자들의 발명이 아니다. 공산주의자들은 이 영향의 성격을 변화시킬 뿐이며, 교육을 지배계급의 영향에서 떼어낼 따름이다.

가족이나 교육에 대한, 부모 자식 간의 친밀한 관계에 대한 부르주아의 허튼소리들은, 대공업의 작용으로 프롤레타리아들의 모든 가족적 유대가 갈기갈기 찢겨지고 자식들이 단순한 상업 품목이나 노동 도구들로 전환되면 될수록, 더욱더 혐오스러운 것이 된다.

그러나 너희 공산주의자들은 여성 공유제[59]를 도입하려는 것이 아니냐며, 부르주아계급 전체는 한 목소리로 우리를 향해 외친다.

부르주아는 자기 아내를 단순한 생산도구로 생각한다. 그래서 생산도구들은 공동으로 이용되어야 한다는 말을 들으면, 부르주아는 공유의 운명이 여성들에게도 마찬가지로 닥쳐오리라고 생각할 수밖에 없다.

이렇게 되면, 단순한 생산도구로서의 여성들의 지위를 폐지하는 것이야말로 정말로 중요한 것이라는 점을 부르주아는 조금도 알아차리지 못하는 셈이다.

어쨌든 세간에서 공산주의자들이 공인하려 한다고들 일컫는 이 여성 공유제에 대해서 부르주아가 고결한 도덕가인 체하며 호들갑을 떠는 것만큼이나 우스운 일은 없다. 공산주의자들은 여성 공유제를 도입하자고 할 필요가 없다. 그것은 거의 언제나 존재해왔기 때문이다.[60]

..

59. 여성 공유제Weibergemeinschaft: 여성을 공동으로 소유하는 제도 또는 사회를 말한다.
60. 공산주의자들은……것이다: 사실 여성 공유제라는 이 구조적 현상은 어느 시대의 사회에서든 있어왔기 때문에, 공산주의자들은 굳이

부르주아들은 공인된 매춘은 물론이고 프롤레타리아의 아내나 딸들을 마음대로 농락하는 것으로도 만족하지 못하고, 자신들의 아내를 서로 유혹하는 것을 주된 쾌락으로 삼고 있다.

　부르주아적 결혼이라는 것은 실제로는 아내들을 공유하는 제도이다. 따라서 사람들이 공산주의자들을 향해 비난한다고 해도, 기껏해야 공산주의자들은 위선적으로 은폐된 여성 공유제가 아니라 공공연하고 숨김없는 여성 공유제를 도입하려 한다는 식으로만 말할 수 있을 뿐이다. 여하튼 현 생산관계들의 폐지와 더불어, 이 생산관계들에서 비롯되는 여성 공유제, 즉 공인 및 비공인의 매춘 역시 소멸할 것임은 자명한 일이다.[61]

．．
　　나서서 이 제도를 새로이 도입하자고 할 이유가 없는 셈이다. 따라서 공산주의자들은 이 제도의 확립을 주장하는 것이 결코 아니다.
61.　여하튼……일이다: 이와 동일한 취지로 엥겔스는 『공산주의의 원리』 21항에서 다음과 같이 말한다. "여성 공유제는 전적으로 부르주아 사회 속에 기생해 있는 하나의 관계이며, 오늘날 매춘제도 속에 실현되어 있다. 그러나 매춘은 사적 소유에 기초해 있는 것으로, 사적 소유[의 폐지]와 함께 사라질 것이다. 따라서 공산주의적 조직은 여성 공유제를 도입하는 것이 아니라 오히려 그것을 폐지시키는 것이다"(MEW, Bd. 4, S. 377).

그 다음으로 공산주의자들은 조국과 국민성을 없애려 한다는 비난을 받아 왔다.

노동자들에게 조국은 없다.[62] 그들에게 없는 것을 그들로부터 빼앗을 수는 없다. [다만] 프롤레타리아계급은 우선 정치적 지배권을 획득하고 국민적 계급의 지위로 올라가서 자신들을 국민으로서 대우하는 나라를 만들어가야 한다. 따라서 부르주아계급이 말하는 것과는 다른 의미에서, 프롤레타리아계급에게도 국민성은 있는 것이다.

세계의 인민들이 국가 단위로 분리되고 대립되는 현상은, 이미 부르주아계급의 발전, 즉 상업의 자유, 세계시장, 그리고 산업 생산과 이에 따른 생활관계들의 획일성 등으로 인해, 점차 소멸해가고 있다.

· ·
62. 노동자들에게 조국은 없다Die Arbeiter haben kein Vaterland: 노동자들은 애당초 부르주아계급이 말하는 의미에서의 조국을 갖고 있지 않다. 부르주아계급은 철저하게 자국의 경제적·정치적 이득을 추구하는 가운데, 국가들 간의 대립과 착취를 부추긴다. 그런 국가들 내의 참된 구성원의 지위에 있지 않았던 '만국의 프롤레타리아들'은 "국가 내부에서의 계급들 간의 대립"을 소멸시킴으로써, 나라와 민족을 넘어서는 공동의 이익과 목표를 향해 나아가야 한다.

프롤레타리아계급의 지배는 [국가들 간의] 이 같은 분리와 대립을 점점 더 사라지게 만들 것이다. 적어도 문명국가들이 단결된 행동을 취하는 것은 프롤레타리아계급 해방의 선결 조건들 중 하나이다.

한 개인에 의한 다른 개인의 착취가 폐지됨에 따라, 마찬가지로 한 국가에 의한 다른 국가의 착취도 폐지된다.

국가 내부에서의 계급들 간의 대립이 소멸함과 더불어, 국가들 상호 간의 적대적 입장도 소멸하는 것이다.

종교적, 철학적 그리고 일반적으로 이데올로기적 관점에서 공산주의를 향해 제기되는 비난은 보다 상세하게 논구할 가치가 없다.

인간의 제반 생활관계, 그의 사회적 관계 그리고 그의 사회적 생활방식이 변화함과 함께, 인간의 관념이나 견해 및 개념들, 즉 한마디로 인간의 의식도 변화한다는 것을 이해하는 데 과연 깊은 통찰력이 필요하겠는가?

이념의 역사가 증명하는 바로서, 정신적 생산은 물질적 생산과 함께 변모된다는 것 외에 무엇이 있겠는가? 각 시대마다의 지배적 이념은 늘 지배계급의 이념일 뿐이었다.

한 사회 전체를 혁명케 하는 이념이라는 것이 있다고 할 경우, 그것은 오로지 구 사회 내부에 새로운 사회의 요소들이 형성되었다는 사실을, 그리고 낡은 이념의 해체는 낡은 생활관계들의 해체와 동일한 보조를 취한다는 사실을 말하고 있을 뿐이다.

고대 세계가 파멸의 단계에 처해 있었을 때, 고대의 종교들은 그리스도교에 정복되었다. 그리스도교적 사상이 18세기에 계몽사상[63]에 굴복했을 때, 봉건사회는 당시 혁명적이었던 부르주아 계급과 사투를 벌였다. 양심의 자유나 종교의 자유라는 이념은 단지 지식의 영역에 자유경쟁이 지배하고 있음을 말하고 있는 셈이었다.

사람들은 "그러나" 라고 하면서 이렇게 말할 것이다. "종교, 도덕, 철학, 정치, 법률 등의 이념들은 물론 역사의 발전과정 속에서 변화를 거듭해왔지만, 이 같은 변화 속에서도 종교, 도덕, 철학, 정치, 법률은 항상 자신을 유지해왔다."

• •
63.   계몽사상: 영어판에서는 '합리주의 사상'으로 되어 있다.

[또한 사람들은 말할 것이다.] "더욱이 자유, 정의 등등과 같은 영원한 진리들이 있으며, 이 진리들은 모든 사회적 상태들에 공통적인 것이다. 그런데 공산주의는 이들 영원한 진리를 없애버린다. 그들은 종교와 도덕을 새로이 형성하는 것이 아니라, 아예 폐기시킨다. 그러므로 공산주의는 지금까지의 모든 역사적 발전들과 모순되는 것이다."

이러한 견해는 최종적으로 어떠한 결론에 이르게 되는가?[64]

지금까지의 모든 사회의 역사는 계급 대립 속에서 움직여왔고, 시대가 달라지면 그 대립의 형태도 다양하게 변화해왔다.

그러나 그 계급 대립이 어떤 형태를 취하든, 지나온 모든 세기들에 공통된 사실이 한 가지 있다. 그것은 바로 사회의 일부 사람들이 다른 사람들로부터 착취를 당해왔다는 사실이다.

따라서 사회적 의식이라는 것이 각 시대마다 아무리 천차만

• •

64. 이러한……되는가?: 원문에서는 그 다음 문장이 곧바로 이어지지만, 여기에서는 문맥상 다음 문장과 행간 구분을 두었다.

별이라고 하더라도, 이 사회적 의식이란 어떤 공통의 [의식]형태들 내에서—즉 계급대립이 전적으로 사라지지 않고서는 결코 완전히 해체되지 않는 그러한 의식형태들 내에서—, 진행되고 있다는 것은 그리 놀랄 만한 일이 아니다.

공산주의 혁명은 전통적 소유관계들과의 가장 근본적인 결렬이다. 따라서 이 혁명의 발전과정이 전통적 이념들과의 가장 철저한 단절을 수반하는 것은 결코 이상한 일이 아니다.

하지만 공산주의에 대한 부르주아계급의 반론에 대해서는 이것으로 끝내기로 하자.

위에서 살펴본 바에 따르면, 노동자혁명의 첫걸음은 프롤레타리아계급을 지배계급으로까지 높이고 민주주의를 쟁취하는 일이다.

프롤레타리아계급은 자신의 정치적 지배를 이용하여, 부르주아계급에게서 점차 모든 자본을 빼앗아가고, 모든 생산도구들을 국가의 손에, 즉 지배계급으로서 조직화된 프롤레타리아계급의 손에 집중하며, 그리고 생산력들의 양을 가능한 한 급속히 증대시킬 것이다.[65]

이 같은 일은 물론 우선적으로 소유권과 부르주아적 생산관계들에 대한 전제적專制的 간섭 없이는 일어날 수 없다. 그리하여 이 방책은, 경제적으로는 불충분하고도 불안정하게 보이지만, 운동이 진행되는 가운데 스스로를 극복해 나가고 전체 생산양식을 변혁하기 위한 수단으로서 불가피하게 된다.

이 방책은 물론 각 나라마다의 사정에 따라 다를 것이다.

그렇지만 가장 진보한 나라들에서는 다음과 같은 방책들이 상당히 일반적으로 적용될 수 있을 것이다.

1. 토지 소유를 몰수하고 지대地代를 국가 경비로 충당한다.
2. 높은 누진세累進稅를 적용한다.
3. 상속권을 폐지한다.
4. 모든 망명자와 반역자들의 재산을 몰수한다.

••
65. 프롤레타리아계급은⋯⋯것이다: 이 단락은 '프롤레타리아계급 독재'의 성격을 시사하고 있는 대목이다. 즉 맑스와 엥겔스에 따르면, 자본주의 사회에서 공산주의 사회로의 혁명적 전화의 시기에는 하나의 정치적 과도기가 있는데, 이 과도기는 프롤레타리아계급의 혁명적 독재라는 국가 형태를 띠게 된다.

5. 국가자본이나 배타적 독점권을 지닌 국립은행을 통해서, 신용을 국가의 수중에 집중시킨다.

6. 운송기관들을 국가의 수중에 집중시킨다.

7. 국영 공장들을 늘리고 생산도구들을 증대시키며, 공동계획에 따라 토지를 개간하고 개량한다.

8. 모든 이들에게 동등한 노동 의무를 부과하고, 특히 농업을 위한 산업군을 설립한다.

9. 농업 경영과 산업 경영의 결합을 도모하고, 도시와 농촌의 격차를 점차 제거하기 위해 노력한다.[66]

10. 모든 아이들에 대한 공공 무상교육을 실시한다. 오늘날과 같은 형태의 아동 공장노동을 철폐한다. 교육과 물질적 생산을 결합시킨다 등등.

발전이 진행됨에 따라 계급 차별들이 사라져버리고 또한 모든 생산이 상호 연합된 개인들의 손에 집중되어 있으면, 공적 권력은 정치적 성격을 잃을 것이다. 본래의 의미에서의 정치적 권력이란 다른 계급을 억압하기 위한 한 계급의 조직화된 권력이다. 프롤레타리아계급이 부르주아계급과의 투쟁에서 필연적

· ·
66.   도시와……노력한다: 영어판에서는 이 문장 앞에 "나라 전체에 걸친 보다 균등한 인구 분산을 통해"라는 표현이 추가되어 있다.

으로 자신을 계급으로까지 결집시키고, 혁명에 의해 지배계급이 되며, 지배계급으로서 강력하게 낡은 생산관계들을 폐지시킨다면, 이 생산관계들의 폐지와 함께 프롤레타리아계급은 계급대립의 성립조건들과 계급 일반을 폐지할 것이며, 따라서 계급으로서의 자기 자신의 지배마저도 폐지할 것이다.

　계급과 계급 대립을 지녔던 낡은 부르주아 사회 대신에, 하나의 연합체가 나타난다. 이 연합체에서는 각 개인의 자유로운 발전이 만인의 자유로운 발전의 조건을 이룬다.[67]

・ ・

67.　계급과……이룬다: 여기서 '연합체'라는 말의 원어는 'Assoziation 아소치아치온/아소시아시옹'이다. 이 말이 '아소시아시옹'이라는 독특한 '협동조직[체]'의 의미로 받아들여진 것은 1830년대 프랑스의 생시몽주의나 푸리에의 사상 및 1840년 프루동 사상의 유입에 따른 것이다. 맑스는 "각 개인의 자유로운 발전이 만인의 자유로운 발전의 조건"이 되는 이 '연합체'를 구상하면서, 기본적으로 자유롭고 평등한 개개인에 기초한 '공산주의' 사회를 떠올리고 있다.

제3장 사회주의적 및 공산주의적 문헌

1. 반동적 사회주의

a) 봉건적 사회주의

프랑스 및 영국의 귀족계급은 자신들의 역사적 지위로 인하여, 근대 부르주아 사회에 대항하는 팸플릿을 쓰라는 사명을 띠고 있었다. 1830년 프랑스 7월 혁명,[68] 그리고 영국의 선거법

· ·

68. 프랑스 7월 혁명 : 1830년 7월, 소시민·기능공·노동자·학생 등 파리
   의 민중들이 반동적 왕정에 맞서 바리케이드를 치고 시가전을 벌인
   끝에 승리했다. 이들 투쟁세력 가운데는 공화주의자도 있었지만,
   그러나 혁명의 귀결은 입헌왕정파의 자유주의 부르주아 세력에게

개정운동[69]에서 그들은 다시 한 번, 가증스런 벼락 출세자에게 패배했다. 진지한 정치투쟁이란 더 이상 고려할 가치가 없는 것이 되었다. 그들에게 남아 있었던 것은 단지 글을 통한 투쟁밖에 없었다. 그러나 이 저술의 영역에서도 왕정복고시대[70]의 낡은 상투어들은 불가능하게 되어 있었다. 공감을 불러일으키기 위해서 귀족들은 자신의 이익을 안중에 두지 않는다고 가장해야 했고, 또한 오로지 착취당하는 노동자계급을 위해 부르주아계급에 대한 공소장을 작성해야만 했다. 이리하여 그들은 새로운 지배자들에 대한 비방의 노래를 부르고, 다소 불길한 예언을 지배자의 귀에 중얼거리는 분풀이를 했던 것이다.

• •

로 돌아갔다. 즉 이 7월 혁명은 보수적인 입헌왕정을 자유주의적인 입헌왕정으로 바꾸어 놓음으로써 프랑스혁명 이래의 대★부르주아 지배체제를 확립시켰다.

69. 영국의 선거법 개정운동 : 영국의 1차 선거법 개정은 프랑스 7월 혁명의 영향을 받아 1832년에 이루어졌다. 이 개정을 통해 부르주아 상공시민층(산업 자본가, 중간 시민층)에게 선거권이 부여되었다. 이때 선거권을 얻지 못한 노동자계급은 자신들의 정치적 권리를 실현하기 위해 차티스트운동(1839~1848년)을 전개하였다.

70. [원주: 1888년 영어판에 붙인 엥겔스의 주] 영국의 왕정복고시대(1660~1689년)가 아니라 프랑스의 왕정복고시대(1814~1830년)를 말한다.

이렇게 해서 봉건적 사회주의가 생겨났다. 그것은 절반은 비가이고, 절반은 풍자문이었다. 혹은 절반은 과거의 메아리이고, 또 절반은 미래에의 위협이었다. 때로는 신랄하고 기지 넘치며 통렬한 비판으로 부르주아계급의 폐부를 명중시키는 적도 있었지만, 근대의 역사 흐름을 이해하는 능력이 전적으로 결여되어 있는 사정 탓에, 우스꽝스러운 효과를 자아내기 일쑤였다.

그들은 민중을 자신들의 배후에 불러 모으기 위해, 프롤레타리아의 동냥자루를 깃발마냥 흔들었다. 하지만 민중은 그들 뒤를 따라갈 때마다 그들 엉덩이에 붙은 낡은 봉건시대의 문장_{紋章}을 보았고, 크게 한바탕 불손한 웃음을 터트리면서 뿔뿔이 흩어져버리곤 했다.

이러한 광경을 실제로 펼쳐 보인 이들이 바로 프랑스 정통왕당파 일부[71] 사람들이나 청년 영국파[72]라고 불리는 사람들이었다.

· ·

71. 프랑스 정통왕당파: 1830년 7월 혁명 이후에 수립된 입헌군주제의 왕정(1830~1848년)을 부정하고 그 이전의 부르봉왕조의 복권을 주장한 세력을 가리킨다. 이들은 주로 세습적인 대토지 소유 귀족의 이해관계를 대변했으며, 이들 중 일부는 종종 부르주아계급의 착취에 맞서 민중을 보호하는 척 행세했다.

72. 청년 영국파: 1842년에 토리당(보수당) 내에 형성된 정치가, 문필가 집단으로 디즈레일리, 토마스 칼라일 등이 그 대표자이다. 이들은

봉건주의자들이 자신들의 착취 방식은 부르주아적 착취와는 다른 형태를 띠고 있었다고 지적할 때, 그들은 자신들이 지금과는 전혀 다른, 그리고 이미 낡은 것이 되어버린 상황과 조건들 하에서 착취했었음을 잊고 있을 뿐이다.[73] 그리고 자신들의 지배 하에서는 근대 프롤레타리아계급이 존재해 있지 않았다고 지적할 때, 봉건주의자들은 바로 근대 부르주아계급이 자신들의 사회질서로부터 필연적으로 움터 나온 것임을 망각하고 있을 뿐이다.

여하튼 봉건주의자들은 자신들의 비판이 지닌 반동적 성격을 조금도 숨기지 않는다. 그 때문에 부르주아계급을 향한 그들의 주요한 비난은, 부르주아계급의 지배가 계속될 경우 구 사회질서를 통째로 궤멸시켜버릴 계급이 발전되리라는 점에 있다.

그들이 부르주아계급을 더욱더 비난하는 것은, 부르주아계

•• 귀족과 국민대중의 일치를 이상으로 삼고, 산업자본가계급의 발흥에 대하여 노동자계급을 보호할 것을 주장했다.

73. 봉건주의자들이······뿐이다: 여기서 '봉건주의자들'은 주로 봉건제를 옹호하는 귀족들을 말하며, 이데올로기적으로는 당대의 '봉건적 사회주의자들'을 가리킨다.

급이 일반적인 의미에서 프롤레타리아계급을 발생시키기보다는 하나의 혁명적 프롤레타리아계급을 발생시키기 때문이다.

그런 까닭에 정치적 실천의 측면에서 봉건주의자들은 노동자계급에 대한 온갖 강압적 조치에 참여하는 것이다. 그리고 일상생활에서는 허세 가득한 말을 하던 때와는 전혀 딴판으로, 직접 몸을 굽혀 산업의 나무에서 떨어진 황금사과들을 주워 담는가 하면, 성실이나 사랑, 명예를 양모나 사탕무, 곡주穀酒와 교환하는 것을 거부하지 않는다.[74]

성직자가 늘 봉건귀족과 손을 잡아왔듯이, 성직자적 사회주의[75]는 봉건주의적 사회주의와 손을 잡는다.

• •

74. [원주: 1888년 영어판에 붙인 엥겔스의 주] 이는 주로 독일의 경우에 해당한다. 독일에서는 토지귀족이나 지역귀족이 자신들의 영지領地 대부분을 관리인에게 경작하게 하고, 이익을 자신의 것으로 삼는다. 더욱이 그들은 사탕무의 대제조업자이며 곡주의 대양조업자이다. 보다 부유한 영국의 귀족들은 아직 그 정도로까지는 영락해 있지는 않았지만, 그러나 그들도 또한 주식회사들의 다소 의심스러운 발기인으로 명의를 빌려줌으로써 감소하는 지대를 벌충하는 방법을 알고 있었다.

75. 성직자적 사회주의: 사회주의와 명목상 연대를 유지해온 '그리스도교적 사회주의'를 말한다.

그리스도교적 금욕주의에 사회주의적 특색을 부여하는 것보다 쉬운 일은 없다. 그리스도교도 또한 사유재산을, 결혼을, 국가를 심히 매도하지 않았던가? 이것들 대신에 그리스도교는 자선이나 구걸을, 독신이나 금욕을, 수도사적 삶이나 교회를 설교하지 않았던가? 그리스도교적 사회주의란 귀족의 분노를 신성한 것으로 만들기 위해 성직자가 뿌리는 성수聖水에 불과하다.

b) 소시민적 사회주의

봉건귀족만이, 부르주아계급에 의해 그 세력이 무너졌고 근대 부르주아 사회에서 그 생활조건들이 위축되고 붕괴되었던 유일한 계급은 아니다. 중세의 성 바깥 시민이나 소농민층은 [본래] 근대 부르주아계급의 선행자들이었다. 공업적으로나 상업적으로 발전이 덜 된 나라들에서 이들 두 계급은 새로 떠오르는 부르주아계급 곁에서 여전히 삶을 연명하고 있다.

근대 문명이 발달한 나라들에서는 새로운 소시민층[76]이 형성

••
76. 소시민[층]Kleinbürgerschaft: '쁘띠 부르주아지Petite Bourgeoisie' 또는 '소

되었다. 이들은 프롤레타리아계급과 부르주아계급 사이를 부유하면서 부르주아 사회의 보충부분으로서 부단히 새로이 형성되고 있지만, 그러나 그 구성원들은 경쟁으로 인해 지속적으로 프롤레타리아계급 속으로 전락해간다. 그뿐만 아니라 대공업이 발전함에 따라 이들 소시민층은 자신들이 근대사회의 자립적인 부분으로서는 완전히 소멸되어 상업, 공장제 수공업, 농업에서 노동 감독들과 고용인들에 의해 대체되는 때가 다가오고 있음을 스스로 목도하는 것이다.

프랑스처럼 농민계급이 인구의 절반을 훨씬 넘는 나라들에서는, 프롤레타리아계급 편에 서서 부르주아계급에 대항하는 저술가들 역시 소시민적이고 소농민적인 잣대로 부르주아적 정치지배를 비판했으며, 소시민적 관점에서 노동자 정당 편에 가담했던 것은 당연한 귀결이었다. 이리하여 소시민적 사회주의가 형성되었다. 시스몽디[77]는 프랑스에서뿐만 아니라 영국에

• •

小부르주아계급'이라고도 한다. 소규모의 생산수단(특히 자신의 전문적인 능력의 산물이나 재산 등)을 소유하면서 주로 자신과 가족의 노동에 의거하여 살아가는 계층을 의미한다. 농촌의 중농과 소농, 도시의 자영 상인, 소생산자, 자영 서비스업자 등이 이 계층에 속한다.

77.   시스몽디J. C. L. de Sismondi, 1773~1842: 경제학자이자 역사가로서, 프랑스 고전파 경제학의 마지막 대표자이다. 대표작인 『정치경제학의

서도 이러한 문헌의 우두머리이다.

이 사회주의는 근대적 생산관계들 내에 깃들어 있는 여러 모순들을 지극히 예리하게 분석했다. 또한 경제학자들의 위선적인 겉치레 변명들을 들추어냈다. 기계장치나 분업의 파괴적 작용, 자본이나 토지소유의 집중, 과잉생산, 공황, 소시민이나 소농민들의 필연적 몰락, 프롤레타리아계급의 빈곤, 생산에서의 무정부상태, 부의 분배에서의 극심한 불균형, 국민들 상호 간의 산업적 파괴전쟁, 이전의 관습과 친숙한 가족관계와 오랜 민족성의 해체, 이 같은 점들을 이 사회주의는 반박의 여지가 없을 정도로 지적했다.

그럼에도 불구하고, 그 적극적 내용에서 보자면, 이 [소시민적] 사회주의는 다음 두 가지 중 하나를 바라는 셈이다. 즉 낡은 생산수단과 교류수단, 그리고 이와 함께 낡은 소유관계들과 낡은 사회를 원상 복구시키려고 하거나, 아니면 근대적 생산수단과 교류수단을 이 수단들에 의해 분쇄되었고 또 분쇄될 수밖에

• •
　　　새로운 원리들』(2권, 1819)에서 D. 리카도 등의 영국 고전학파 경제
　　　학을 비판하고 전반적인 과잉생산 공황 발생의 필연성을 밝혔다.
　　　그는 또한 자유방임을 비판하고 소생산의 옹호를 위한 국가 간섭을
　　　주장하여, 후기 소시민적 사회주의에 큰 영향을 미쳤다.

없었던 낡은 소유관계의 틀 속에 다시금 우격다짐으로 가두어 넣고자 한다. 이 두 경우 모두에서, 이 사회주의는 반동적인 동시에 공상적이다.

공장제 수공업에서는 동업조합제도를, 그리고 농촌에서는 가부장적 경제를── 이것이 바로 이 사회주의가 남긴 마지막 말이다.

그 이후의 전개 속에서 이 사회주의의 추세는 변변치 못한 비참함 속으로 빠져들고 말았다.

c) 독일 사회주의 또는 '참된' 사회주의

프랑스의 사회주의적 및 공산주의적 문헌은 지배세력인 부르주아계급의 압박 하에서 성립했고 이 지배에 맞선 투쟁의 문헌적 표현이었지만, 이러한 문헌이 독일에 수입된 시기는 독일 부르주아계급이 이제 막 봉건적 절대주의에 대항하는 투쟁을 시작하던 무렵이었다.

독일의 철학자들, 준 철학자들, 그리고 문예 애호가들은 이 문헌을 열렬히 탐독했다. 다만 이 저작들이 프랑스로부터 건너왔을 때, 프랑스의 생활관계들까지 동시에 독일로 건너온 것은 아니라는 사실을 그들은 잊고 있었다. 독일의 사회적 조건들 위에 놓이자마자 이 프랑스의 문헌은 그 직접적인 실제적 의의를 모두 잃어버렸고 순전히 문헌적인 겉모습만을 띨 뿐이었다. 그것은 인간 본질의 실현에 대한 한가롭고도 무용한 사변으로서 받아들여질 수밖에 없었다. 이리하여 18세기 독일 철학자들에게 프랑스 제1혁명의 요구들은 일반적으로 '실천이성'의 요구들이라는 의미밖에 갖지 않는 것이었다. 그리고 혁명적인 프랑스 부르주아계급의 의지 표명들은 독일 철학자들의 눈에는 순수 의지의 법칙, 즉 마땅히 그러해야 하는 의지의 법칙, 진정 인간적인 의지의 법칙을 의미했다.

독일의 지식인들이 행한 유일한 작업은 프랑스의 새로운 사고방식을 자신들의 옛 철학적 양심과 조화시키는 데 있었다. 아니, 더 정확히 말해 자신들의 철학적 입장에서 프랑스의 사고방식을 습득하는 데에 있었다.

더구나 이 같은 습득은 통상 외국어를 배울 때와 동일한 방법으로, 즉 번역이라는 단계를 거쳐 이루어졌다.

옛날 [가톨릭] 수도사들이 고대 이교도 시대의 고전 작품들이 적혀 있는 필사본 여백에다 무미건조한 가톨릭 성인전聖人傳을 빽빽이 써두었다는 사실은 잘 알려져 있다. 독일의 지식인들은 세속적인 프랑스 문헌에 대해서 그와 정반대의 방식으로 다루었다. 즉 프랑스어 원문 밑에다 자신들의 철학적인 허튼 생각들을 써두었던 것이다. 예를 들어, 프랑스어로 쓰여 있는 화폐관계들에 대한 비판 밑에, 독일의 지식인들은 '인간 본질의 외화'라고 썼으며, 프랑스어로 쓰인 부르주아국가 비판 밑에, '추상적 보편자의 지배의 지양' 등등이라고 썼다.

독일의 저술가들은 프랑스인의 사상 개진들에 이러한 철학적 상투어를 끼워 넣는 일을 '행동의 철학', '참된 사회주의', '독일의 사회주의 과학', '사회주의의 철학적 정초' 등으로 명명했다.[78]

• •
78. 독일의……명명했다: 독일의 사회주의자들인 모제스 헤스Moses Hess, 칼 그륀Karl Grün, 헤르만 제밍Hermann Semming, 루돌프 마태Rudolf Mathai 등은 이른바 '참된 사회주의'를 표방하고 있지만, 맑스와 엥겔스에 따르면 이들의 사상은 프랑스나 영국의 공산주의 이념을 약간씩 원용하여 이것을 독일의 관념론적 철학(포이어바흐Feuerbach)과 자의적으로 결합시킨 것에 불과하다(『독일 이데올로기』 2권 참조). 일례로, 『행동의 철학』의 저자인 헤스는 공산주의를 프롤레타리아 혁명과는 무관하게 '사랑'에 기초한 '추상적 인간'의 공산주의로

이렇게 해서 프랑스의 사회주의적·공산주의적 문헌들은 완전히 무력해지고 말았다. 그리고 독일인의 시각 하에서는 이 문헌들이 이제 더 이상 한 계급이 다른 계급에 맞서 벌이는 투쟁을 표현하는 것이 아니었기 때문에, 독일인들은 이로써 자신들이 '프랑스적 일면성'을 극복했다고 믿었으며, 참된 욕구가 아니라 진리에의 욕구를, 그리고 프롤레타리아계급의 이익이 아니라 인간 본질의 이익, 인간 일반의 이익을 대표했다고 믿었다. 하지만 이처럼 어느 계급에도 속하지 않는 인간이란 결코 현실의 인간이 아니며, 단지 철학적 환상의 몽롱한 영역 속에 사는 인간에 불과할 뿐이다.

독일 사회주의는 학생이 과제로 써냈을 법한 정도의 서투른 글줄을 아주 진지하고 대단한 것으로 여겼고 떠들썩한 호객 상인처럼 칭찬을 아끼지 않았지만, 그러나 그 스스로 현학적인 순수함을 유지했던 태도마저 점차 상실해버렸다.

[한편,] 봉건귀족이나 절대 왕권에 대해 독일, 특히 프로이센의 부르주아계급이 벌인 투쟁, 한마디로 자유주의 운동은 점점

••
정초하였다.

더 진지한 것이 되어갔다.[79]

　　이제 '참된' 사회주의에게는 [이 같은 자유주의적] 정치운동
에 맞서 사회주의적 요구들을 대결시켜볼 만한 더할 나위 없는
기회가 주어진 셈이었다. 즉 그들은 자유주의에 대해, 대의제
국가에 대해, 부르주아적 경쟁, 부르주아적 출판의 자유, 부르주
아적 법률, 부르주아적 자유와 평등에 대해 예로부터 내려오는
저주를 퍼부으며, 인민 대중을 향해서는 이 부르주아적 운동으
로부터 얻을 것이 아무것도 없고 오히려 모든 것을 잃을 수밖에
없다고 설파할 적절한 기회가 주어진 셈이었다. 하지만 독일
사회주의는 이 절호의 시기에, 프랑스적 비판이 그 나름의 근대
부르주아 사회와 또 이에 상응하는 물질적 생활조건 및 합당한
정치체제를 전제로 하고 있음을 잊고 있었다.[80] 독일에서는 바

● ●
79.　봉건귀족이나……되어갔다: 독일 부르주아계급은 자신들의 주장
　　과 행동을 '자유주의' 운동으로 표출하였다. 이러한 자유주의의
　　사상 이념은 칸트, 쉴러, 훔볼트, 야코비 등이 강조한 것으로, 1850년
　　대부터 1870년대 중반까지 법치국가, 권력분립, 국가통합 등을 목표
　　로 한 정치운동으로 발전하였다.
80.　하지만……잊고 있었다: 프랑스대혁명을 거치면서 프랑스는 점차
　　공화정치 민주주의로 탈바꿈해나가고, 이에 따라 부르주아계급이
　　자연스럽게 권력의 중심세력으로 부상한다. 프랑스 사회주의는 바
　　로 이러한 부르주아계급의 지배와 그 물질적 토대를 전제로 하는

로 이 모든 전제조건들을 쟁취하는 것이야말로 우선하는 당면
과제였음에도 말이다. 이런 면에서 독일 사회주의는 프랑스적
비판의 분별없는 메아리에 불과했다.

독일 사회주의는 성직자, 학교교사, 시골귀족, 관료들과 같은
무리를 거느린 독일 절대주의 정부들 편에 서서, 무서운 기세로
커나가던 부르주아계급을 쫓아내주는 고마운 허수아비의 역할
을 수행했다.

이 사회주의는, 절대주의 정부들이 독일 노동자 봉기들을
타도하기 위해 가혹한 채찍질과 총탄을 휘두른 그 다음에 오는
달콤한 보완물이었다.

이리하여 '참된' 사회주의는 정부들이 독일 부르주아계급과
싸우는 데 있어 하나의 무기가 되는 동시에, 그것은 또한 직접적
으로 하나의 반동적 이익, 즉 독일의 속인俗人들[81]의 이익을 대변

• •
　　가운데 비판했던 것이지만, 독일 사회주의자들은 이 점을 망각하고
　　있었다.
81.　속인俗人들Pfahlbürgerschaft: 본래는 중세말의 '성城 바깥 시민들'을 의
　　미하지만, 여기서는 시대의 흐름에 거슬러 안주하려는 일군의 사람
　　들, 즉 옛날 그대로의 농장이나 작업장을 운영하는 속물적이고 실리

하였다. 독일에서는 16세기 때부터 이어져 내려와 그때 이후 다양한 형태로 늘 새롭게 나타났던 소시민층이 현 상태의 본래적인 사회적 기초를 이루고 있는 것이다.

이 소시민층을 유지시키는 것은 독일의 현 상태를 유지시키는 것과 다를 바 없다. 소시민층은 한편으로는 자본 집중의 결과로, 다른 한편으로는 혁명적 프롤레타리아계급 대두의 결과로, 부르주아계급의 산업적 및 정치적 지배로부터 자신들에게 몰락이 덮쳐올 것을 두려워한다. 이 소시민층한테는 '참된' 사회주의가 파리채로 두 마리 파리를 한꺼번에 잡는 것으로 보였다.[82] 이 사회주의는 전염병처럼 확산되었다.

사변의 거미줄로 직조되어 그 위에 미사여구의 꽃들로 수가 놓이고 병약한 감정의 이슬에 촉촉이 젖어 있는 그러한 복장, 하지만 독일 사회주의자들 자신의 몇 안 되는 앙상한 뼈들로

●●

　주의적인 소시민층 일반을 가리킨다.

82.　소시민층은……보였다: 부르주아계급의 지배와 프롤레타리아계급의 새로운 대두라는 두 측면이 소시민층의 입지를 현저히 약화시키고 몰락의 길로 접어들게 하였다. 그러나 이들 소시민층의 입장에서 보자면, '참된' 사회주의는 이러한 두 세력을 제어해줄 수 있는 일석이조의 방편으로 여겨졌다.

이루어진 '영원한 진리'를 그 속에 감추고 있는 이 과분한 복장은 일반 국민 사이에서 그들의 상품의 판로를 늘려나갔다.

독일 사회주의 편에서도 또한, 이 소시민적 속인들의 대변자라고 하는 거창한 사명을 점점 더 깊이 인식해갔다.

독일 사회주의는 독일 국민을 표준국민으로 선언하고, 독일의 속물을 표준인간으로 선언했다. 이 사회주의는 독일의 속물이 지닌 온갖 비열한 특성 하나하나에다 심오한 사회주의적 의미를 부여했으며, 그 비열함을 정반대적 의미의 것으로 만들어버렸다. 독일 사회주의는 공산주의의 '난폭하게 파괴적인' 경향에 직접적으로 반대하고 또한 일체의 계급투쟁들을 넘어서는 비당파적인 숭고함을 선포함으로써, 자신들의 최종 결론을 이끌어냈다. 극소수의 예외를 제외하고선, 현재 독일에서 이른바 사회주의 및 공산주의 문헌이라고 불리면서 읽히고 있는 저작들 모두는 이처럼 비열하고 또 사람을 무기력하게 만드는 문헌의 부류에 속한다.[83]

● ●

83. [원주: 1890년 독일어판에 붙인 엥겔스의 주] 1848년 혁명의 폭풍은 이처럼 초라한 경향을 뿌리째 일소해버렸고, 그 지지자들로부터 더 이상 사회주의를 진척시키고자 하는 의욕을 빼앗아가 버렸다. 이 경향의 주된 대표자이자 고전적인 전형은 칼 그륀Karl Grün 씨이다.

2. 보수적 사회주의 또는 부르주아 사회주의

부르주아계급의 일부는 부르주아 사회의 존립을 확보하기 위해 사회적 폐해들을 제거하기를 원한다.

이런 부류에 속하는 사람들로는 경제학자, 박애주의자, 인도주의자, 노동계급 상황에 대한 개량주의자, 자선사업가, 동물학대 철폐론자, 금주협회 설립자, 그 밖의 온갖 종류의 엉터리 개혁가 등이 있다. 그리고 이 부르주아 사회주의도 또한 각기 완성된 세부체계들 속에 자리 잡게 되었다.

그 예로서 우리는 프루동의 『빈곤의 철학』을 들 수 있다.[84]

. .

84. 『빈곤의 철학』은 프랑스의 무정부주의자 프루동Pierre-joseph Proudhon
    의 주저로, 원 제목은 『경제적 모순들의 체계, 또는 빈곤의 철학Systè
    me des contradictions économiques, ou Philosophie de la Misère』(1846)이다. 이
    책에서 프루동은 현실의 경제사회를 이루는 10개 범주(분업·기계·
    경쟁·독점·조세·무역·신용·소유·공유·인구) 각각을 이율배반의
    연쇄(즉 모순들의 계열적 체계)로서 파악한다. 경제 사태의 이 같은
    내적 대립이 경제에 역동성을 가져오고 바로 이율배반이 있기 때문
    에 사회는 전진한다는 것이다. 맑스는 이 책에 대한 비판서인 『철학
    의 빈곤』을 그 이듬해(1847년) 출판한다.

사회주의적 부르주아들은 근대 사회의 생활조건들의 온갖 이점들을 원하면서도, 그러나 이 생활조건들로부터 필연적으로 발생하는 투쟁들과 위험들은 회피하고자 한다. 그들은 사회를 혁명시키거나 해체시키는 요소들을 이미 제거해낸, 그런 현존 사회를 원하는 것이다. 그들은 프롤레타리아계급 없는 부르주아계급을 원한다. 부르주아계급은 자신들이 지배하는 세계를 당연히 가장 좋은 세계라고 생각한다. 부르주아 사회주의는 이 기분 좋은 생각을 절반의 체계 또는 완전한 체계로까지 꾸며낸다. 부르주아 사회주의는 그러한 체계들을 실현시켜 새로운 예루살렘 땅으로 행진해 들어가자고 프롤레타리아계급에게 제안하지만, 실제로는 프롤레타리아계급에게 현 사회[의 틀] 내에 남아있어야 하고 다만 현 사회에 대한 증오에 찬 생각들은 모두 버려야 한다고 요구하고 있는 것일 뿐이다.

덜 체계적이지만 보다 실천적인 두 번째 형태의 사회주의는, 이런저런 정치적 변화보다는 오히려 물질적 생활관계들의 변화 즉 경제적 관계들의 변화만이 노동자계급에게 유익을 가져다줄 수 있음을 증명함으로써, 이 계급으로 하여금 모든 혁명적 운동을 기피하게끔 하는 데 주력했다. 그런데 이 사회주의가 이해하는 물질적 생활관계들의 변화란, 혁명적 방도로만 가능한 부르주아적 생활관계들의 철폐가 아니라, 단지 이 생활관계들의 토대 위에서 행해지는 행정적 개선들, 따라서 자본과 임금노동의 관계에는 조금도 변화를 주지 않은 채 기껏해야 부르주아계급에게 그 지배 비용을 감소시켜 국가 재정을 단순화시키는 행정적 개선일 뿐이다.

부르주아 사회주의는 그저 연설조의 모습을 취할 때에야 비로소 자신에게 가장 어울리는 표현을 얻게 된다.

노동계급의 이익을 위한 자유무역! 노동계급의 이익을 위한 보호관세! 노동계급의 이익을 위한 독방형무소! 이것이 부르주아 사회주의의 마지막 말이자 진심에서 우러나온 유일한 말이다.

부르주아 사회주의는 바로 다음 구절 하나로 요약된다. 즉 부르주아는 노동계급의 이익을 위한 부르주아다.

3. 비판적-유토피아적 사회주의 및 공산주의

여기서 우리는 근대의 모든 대혁명들에서 프롤레타리아계급의 요구들을 표명했던 문헌(바뵈프[85]의 저작 등)에 대해 언급하려는 것이 아니다.

전반적 소요의 시대 즉 봉건사회의 전복 시기에 직접 자신의 계급 이익을 관철하려고 했던 프롤레타리아계급의 최초의 시도들은, 프롤레타리아계급 자체의 미발전 상태 때문에, 그리고 프롤레타리아계급 해방의 물질적 조건들의 부족 때문에, 필연적으로 실패로 끝났다. 이 해방의 물질적 조건들 역시 부르주아 시대에 비로소 생성되는 것이었기 때문이다.[86] 프롤레타리아계급의 이 최초 운동들과 함께 했던 혁명적 문헌은 그 내용 면에서

• •

85. 바뵈프Babeuf, 1760~1797: 프랑스 혁명기에 활동하다가 처형당한 혁명가이자 공산주의자로서, '공산주의'라는 용어에 완전한 평등이라는 의미를 부여한 최초의 인물이다. 한편 그의 사상에 의거한 '바뵈프주의'의 주요 특징은 공산주의 사상을 최초로 정치혁명과 결부시킨 데에 있다. 바뵈프주의는 부오나로티의 『바뵈프의 이른바 평등을 위한 음모』(1828)를 통해 1830~40년대의 프랑스의 정치운동으로 계승되었다.

86. 이 해방의……때문이다: 영어판에서는 "이 해방의 물질적 조건들이란, 오직 임박한 부르주아 시대에 의해서만 만들어질 수 있고 만들어져야 하는 조건들이기 때문이다"로 되어 있다.

보자면 필연적으로 반동적이다. 그것은 일반적인 금욕주의와 조야한 평등주의를 가르친다.

본래의 사회주의적 및 공산주의적 체계들, 즉 생시몽,[87] 푸리에,[88] 오언[89] 등의 체계들은 위에서 서술했던 프롤레타리아계급

. .

87. 생시몽Le comte de Saint-Simon, 1760~1825: 프랑스의 사상가·경제학자이자 유토피아적 사회주의자이다. 미국 독립전쟁에 프랑스군 장교로 참전했으며, 프랑스혁명 때 자코뱅파에 가까운 입장에 있었다. 정치·경제·사회 등에 관한 연구를 계속하여 『산업론』, 『산업 체제론』, 『새로운 기독교』 등의 저술을 남겼다. 그러나 그는 노동자계급의 역사적 의의에 대한 인식을 결여했기 때문에, 미래 사회의 예측에 훌륭한 요소를 가지면서도 공상적 견해에 머물지 않을 수 없었다.

88. 푸리에François Marie Charles Fourier, 1772~1837: 프랑스의 유토피아적 사회주의자이다. 대혁명 후의 혼란을 극복하기 위한 새로운 사회질서를 건설하고자 노력했으며, 『4가지 운동의 이론Théorie des quatre mouvements et des destinées générales』, 『사랑이 넘치는 신세계Le nouveau monde amoureux』, 『가정적·농업적 아소시아시옹론Traité de l'association agricole domestique』 등의 저술을 남겼다. 그는 정념의 해방을 방해하는 위선적인 가족제도, 특히 일부일처제를 비판했으며, 혈연에 기초하는 단혼가족은 본래의 '가족애'를 억압한다고 보았다. 그리고 뉴턴의 만유인력의 법칙에 필적하는 자신의 '정념인력의 이론'에 의거하여 농업 아소시아시옹, 즉 농업을 기초로 한 공산주의적 생산협동제인 '팔랑스테르Phalanstere/phalange'의 건설을 제창했다.

89. 오언Robert Owen, 1771~1858: 영국 산업혁명기의 대표적 사상가이자

과 부르주아계급 간의 투쟁의 초기인 미발달 시기에 등장하고
있다. (제1장 「부르주아와 프롤레타리아」 참조)

이들 체계의 창시자들은 분명 계급들 간의 대립이나 지배
사회 자체 내에서의 해체적 요소들의 작용을 간파하고는 있었
다. 그러나 그들은 프롤레타리아계급 편에서 이 계급이 갖는
어떠한 역사적 자발성도 또 어떠한 독자적인 정치 운동도 인정
하지 않았다.

계급 대립의 발전은 산업의 발전과 보조를 같이 하는 것이기
때문에, 그들은 응당 프롤레타리아계급 해방을 위한 물질적 조
건들을 발견할 수 없었다. 그래서 그들은 이 조건들을 만들어내
고자 하나의 새로운 사회과학, 새로운 사회법칙들을 찾아 나섰
다.[90]

• •

협동조합의 창시자이며, 생시몽, 푸리에와 함께 유토피아적 사회주
의자의 한 사람이다. 그는 유토피아를 현실적으로 구현하기 위해
노력하고 추진한 정치가이자 사업가였다. 오언의 유산은 사회주의
나 교육사상에 그치지 않고, 차티스트 운동(남성 보통선거권 운동),
협동조합운동, 여성해방운동 등에 커다란 영향을 미쳤다.

90. 그래서……나섰다: 영어본에만 '새로운'이라는 수식어가 붙어 있
다.

사회적 활동 대신에 그들 개인의 발명적 활동이 나타날 수밖에 없다. 그리고 해방의 역사적 조건들이 밝혀지는 것이 아니라 환상적 조건들이 나타날 수밖에 없으며, 프롤레타리아계급이 점차 자발적으로 계급으로 조직화되는 측면이 아니라 그들 자신에 의해 특별히 고안된 모종의 사회 조직이 부각될 수밖에 없다.[91] 앞으로 도래할 세계사가 그들에게서는 자신들의 사회계획들을 선전하고 실제적으로 수행하는 장이 되어버리는 것이다.

그들은 물론 자신들의 계획들 내에서는 무엇보다도 가장 고통 받는 계급으로서의 노동계급의 이익을 대표해야 함을 의식하고 있다. 그들에게는 가장 고통 받는 계급이라는 이 관점 하에서만 프롤레타리아계급이 존재한다.[92]

. .

91. 그들 자신에……없다: 예컨대 새로운 사회의 조직 원리로서 생시몽은 과학과 '새로운 기독교'를 내걸었으며, 오언은 협동(공동생산-공동분배)이라는 원리를 제시했다. 특히 오언은 9백 명에 이르는 자신의 추종자들과 함께 1825년 미국 인디애나에 '뉴 하모니'라는 새로운 공동체 사회를 건설했으나 3년 만에 실패하고 영국으로 돌아왔다.

92. 그들은……존재한다: 이는 특히 생시몽의 견해를 염두에 둔 표현이다.

하지만 계급투쟁의 미발달된 형태와 그들 자신의 생활상태 때문에, 그들은 자신들이 저 계급 대립보다 훨씬 위에 초연하게 존재한다고 믿는다. 그들은 일체의 사회구성원들의 생활 상태, 아니 심지어 가장 좋은 경우에 있는 사회구성원들의 생활 상태까지도 개선하고자 한다. 그러므로 그들은 끊임없이 무차별적으로 사회 전체에, 아니 특히 지배계급에 호소한다. 그들의 체계를 이해하기만 하면, 사람들은 그들의 체계가 생각 가능한 최선의 사회에 대한 가장 완전한 계획이라는 것을 인정하게 되는 것이다.

그러므로 그들은 모든 정치적 행동, 특히 모든 혁명적 행동을 거부한다. 그들은 평화적인 방법으로 자신들의 목표에 도달하고자 하며, 응당 실패로 끝나기 마련인 작은 실험들을 통해 그리고 실례의 힘을 통해 새로운 사회적 복음에 길을 열고자 한다.

미래 사회에 대한 이 같은 환상적인 서술은, 프롤레타리아계급이 아직 지극히 미발달된 상태에 있고 따라서 자신의 지위를 여전히 환상적으로 포착하고 있는 그런 시대에 성립된 것으로, 사회의 전반적 개조에 대한 이 계급 최초의 본능적인 열망에서 기인하고 있다.

그러나 이 사회주의적 및 공산주의적 저작들은 비판적 요소들 또한 지니고 있다. 그 저작들은 현존 사회의 모든 기초들을 공격한다. 그러므로 이들 저작은 노동자들의 계몽에 매우 가치 있는 자료들을 제공했다. 이들 저작이 미래 사회에 대해 제시한 적극적인 명제들, 예를 들면 도시와 농촌 간 대립의 폐지, 가족제의 폐지, 사적 영리의 폐지, 임금노동의 폐지, 사회적 조화의 선언, 국가를 단순한 생산관리 기구로 전환시키는 일——이 모든 명제들은 오로지 계급 대립의 폐지를 표현하고 있을 뿐이다. 그런데 이 계급 대립은 이제 막 전개되기 시작한 때였으므로, 이들 저작은 아직 형태가 없는 최초의 불명확한 계급 대립밖에는 알지 못했다. 따라서 이들 명제 자체도 아직 순수 유토피아적인 의미밖에 갖지 않았다.

비판적-유토피아적 사회주의 및 공산주의의 의의는 역사의 발전에 반비례한다. 계급투쟁이 발전해가고 형태를 갖춰가는 정도만큼, 계급투쟁에 대한 이 환상적 극복, 환상적 반대는 그 실천적 가치와 이론적 정당성을 모두 상실하게 된다. 그러므로 이들 체계의 창시자들이 설사 많은 점에서 혁명적이었다고 하더라도, 그 제자들은 매번 반동적 종파들을 형성하는 것이다. 그들은 프롤레타리아계급의 계속적인 역사적 발전을 목도하면서도 스승들의 낡은 견해를 고집한다. 따라서 그들은 시종일관 계급투쟁을 거듭 둔화시키고 대립을 중재하려고 한다. 그들은 여전히 자신들의 사회적 유토피아의 실험적 실현, 개별 팔랑스테르[93]의 설립, 국내 이주지의 건설, 소小이카리아[94]── 새로운 예루살렘의 축소판──의 설립을 꿈꾸며, 나아가 이 모든 공중누각들을 건설하기 위해 그들은 부르주아의 마음과 돈주머니의 박애에 호소하지 않을 수 없다. 서서히 그들은 위에서 말한 반동적 또는 보수적 사회주의자들의 범주로 빠져 드는데, 다만 이 후자와 다른 점이 있다면 더 체계적인 현학성을 보인다는 점, 그리고 자신들의 사회과학이 가져올 기적 같은 효력에 대해 광신적인 미신을 갖고 있다는 점뿐이다.

• •

93. [원주: 1888년 영어판에 붙인 엥겔스의 주] 팔랑스테르Phalanstere는 샤를르 푸리에가 계획한 사회주의적 집단거주지를 가리킨다.
    [원주: 1890년 독일어판에 붙인 엥겔스의 주] 팔랑스테르는 푸리에가 계획했던 사회적 공동부락을 뜻하는 이름이었다.

94. [원주: 1888년 영어판에 붙인 엥겔스의 주] 이카리아는 [프랑스의 유토피아적 사회주의자 중 한 사람인] 카베Cabet가 자신의 유토피아에, 그리고 나중에는 아메리카에 설립한 자신의 공산주의적 집단거주지에 붙인 이름이었다.
    [원주: 1890년 독일어판에 붙인 엥겔스의 주] 오언은 자신의 공산주의적 모범사회를 홈 콜로니Home-Kolonien[즉 국내 이주지]라고 칭했다. 카베가 자신의 공산주의적 공동체를 묘사한 유토피아적 환상의 나라는 이카리아라고 불렸다.

그러므로 유토피아적 사회주의자들은 노동자들의 모든 정치 운동에 적의를 가지고 반대한다. 그들이 보기에 노동자들의 이 정치운동은 그저 새로운 복음에 대한 맹목적 불신에서 나온다 는 것이다.

영국의 오언주의자들은 차티스트들에 반대하며,[95] 프랑스의 푸리에주의자들은 개혁주의자들에 대해 반대한다.[96]

--

95. 영국의……반대하며 : '차티스트운동'은 남성 보통선거권 운동으 로서, 영국에서 제1차 선거법 개정(1832년) 이후에도 선거권을 얻지 못한 노동자계급이 중심이 된 급진적인 개혁운동이다. '차티즘', '차티스트'라는 명칭은 이 운동 진영이 남성 보통선거 등 의회개혁 6개 조항을 제기했던 '인민헌장The People's Charter'(1838년)에서 따온 것이다. 한편 오언의 사상은 차티스트운동을 비롯해 협동조합운동, 여성해방운동 등에 많은 영향을 끼쳤지만, 1847년 무렵에 이르면 이미 오언주의자들은 개량주의적 사회주의자로, 맑스와 엥겔스의 입장은 공산주의자로 구분되었다(본서의 「1888년 영어판 서문」, 「1890년 독일어판 서문」 참조).

96. 프랑스의……반대한다 : '개혁주의자들Réformistes'은 파리의 급진 신문 <개혁La Réforme>(1843~1850년 간행)의 지지자들을 가리킨다. '7월 왕정기'(1830년 7월 혁명~1848년)의 프랑스에서는 결사의 자 유에 대한 억압적인 법률들 때문에 신문들이 정당을 대신하고 있었 다.

제4장 여러 반대당들에 대한 공산주의자들의 입장[97]

    이미 조직되어 있는 노동자 정당들에 대한 공산주의자의 관계, 따라서 영국의 차티스트들이나 북아메리카의 토지개혁파[98]에 대한 공산주의자의 관계는 제2장에서 설명한 바에 의해 명백해졌다.

• •

97. 반대당들: 좁게는 각 나라의 '반정부당'을, 넓게는 현 사회를 변화시키고자 하는 다양한 집단과 세력들을 가리킨다.

98. 북아메리카의 토지개혁파: 1845년에 설립된 전미개혁협회National Reform Association 구성원들을 가리킨다. 이 협회는 모든 남성노동자들 각각에게 160에이커의 토지를 분배할 것을 주장하고, 노예제와 상비군의 폐지, 10시간 노동제 등을 요구했다.

공산주의자들은 노동자계급이 직접 당면해 있는 목적과 이익을 달성하기 위해 투쟁한다. 그러나 그들은 현재의 운동 속에서 동시에 운동의 미래도 지킨다. 프랑스에서 공산주의자들은 보수적 및 급진적 부르주아계급에 반대하여 사회주의-민주주의 당[99]과 연합하고 있긴 하지만, 그렇다고 해서 [프랑스]혁명의 전통에서 생긴 상투적 문구와 환상에 대해 비판적 태도를 취하는 권리까지 포기하는 것은 아니다.

스위스에서는 공산주의자들이 급진파를 지지한다. 다만 이 파가 서로 모순된 여러 요소들로, 즉 일부는 프랑스적 의미에서의 민주주의적 사회주의자들로, 또 일부는 급진적 부르주아들로 이루어져 있음을 간과하지는 않는다.

· ·

99. [원주: 1888년 영어판에 붙인 엥겔스의 주] 당시 의회에서는 르드뤼 롤랭Ledru-Rollin이, 문헌에서는 루이 블랑Louis Blanc이, 그리고 언론에서는 <개혁La Réforme>이 대변했던 정당이다. 이 당명의 고안자들에게 '사회민주주의'라는 명칭은 다소 사회주의적 색채를 띤 민주주의 또는 공화주의 정당의 한 정파를 의미했다.
[원주: 1890년 독일어판에 붙인 엥겔스의 주] 프랑스에서 당시 사회주의-민주주의라고 불린 정당은 정치적으로는 르드뤼 롤랭이, 문헌적으로는 루이 블랑이 대표했던 정당이었다. 따라서 이 정당은 오늘날의 독일 사회민주주의와는 아주 현격한 차이가 있다.

폴란드인들 사이에서 공산주의자들은 토지분배 혁명이 국민 해방의 조건이라고 생각하는 정당, 즉 1846년 크라쿠프 봉기를 일으킨 바로 그 당을 지지한다.[100]

독일에서 공산당은, 부르주아계급이 혁명적으로 행동하는 한, 언제든지 부르주아계급과 연대하여 절대군주제, 봉건적 토지소유 및 소시민주의와 투쟁한다.

그러나 독일 공산당은 노동자들로 하여금, 부르주아계급과 프롤레타리아계급의 적대적 대립에 대해 가능한 한 명확한 의식을 이끌어내도록 하는 일을 한시도 게을리하지 않는다. 이것은 부르주아계급의 지배와 함께 필히 만들어지는 사회적 및 정치적 조건들을, 독일 노동자들이 즉각 그대로 무기로서 부르주아계급으로 향할 수 있도록 하기 위함이다. 또한 이것은 독일에서의 반동계급들이 몰락한 후, 즉각 부르주아계급 자체에 대

100. 폴란드인들……지지한다: 크라쿠프Kraków/cracow와 그 일대 지역은 1815년 자치시 또는 독립 공화국이 되었지만, 1830~1831년 11월 봉기와 1846년 2월 봉기의 실패로, 오스트리아 제국에 합병되었다. 1846년 2월 크라쿠프 봉기를 일으킨 당은, 그보다 앞선 1832년에 폴란드 왕국의 망명자들로 구성된 '폴란드 민주사회당'을 파리에 설립해두고 급진적인 개혁의 필요를 주장하고 있었다.

항하는 투쟁이 시작되도록 하기 위함이다.

공산주의자들은 자신들의 주의를 독일로 향하고 있다. 그것은 독일이 부르주아혁명의 전야에 있기 때문이고, 또한 독일은 17세기의 영국이나 18세기의 프랑스보다도 유럽 문명 전반의 보다 진보된 조건들 하에서 그리고 훨씬 발달된 프롤레타리아 계급을 가지고서 이 변혁을 수행하는 것이기 때문이며, 따라서 독일의 부르주아혁명은 프롤레타리아혁명의 직접적인 전주곡일 수 있기 때문이다.[101]

한마디로, 그 어디에서든 공산주의자들은 현존하는 사회상태 및 정치상태에 반대하는 모든 혁명운동을 지지한다.

이 모든 운동들 가운데서 그들은 소유의 문제를, 이것이 얼마

• •
101. 그것은……때문이다: 여기서 "독일이 부르주아혁명의 전야"에 있다고 한 것은 맑스와 엥겔스가 실제로 참여했던 1848년의 3월 혁명과 관련되는 언급이다. 이 3월 혁명은 봉건적 제도들의 폐지, 독일 통일, 출판과 집회의 자유, 신분의회 개혁, 독일연방의 개혁 등 이른바 '3월 요구'로서 표출되었다. 당시 맑스와 엥겔스는 이 혁명의 동력을 '공산주의 혁명', '노동자혁명'으로까지 추진하고자 했다. 그러나 1849년 5~7월 대규모 무력충돌 끝에 혁명군이 패함으로써, 일 년 남짓 지속된 3월 혁명은 결국 패배로 끝난다.

나 발전된 형태를 띠고 있는지에 상관없이, 운동의 근본문제로서 강조한다.

끝으로 공산주의자들은 그 어디에서든 모든 나라들의 민주주의 정당들의 결합과 협조에 노력한다.

공산주의자들은 자신의 견해나 의도를 비밀로 하는 것을 경멸한다. 그들은 지금까지의 모든 사회질서를 강력하게 전복시킴으로써만 자신들의 목적이 달성될 수 있음을 공공연히 선언한다. 지배계급으로 하여금 공산주의 혁명 앞에 전율케 하라. 프롤레타리아는 혁명에서 자신들의 족쇄 외에 잃어야 할 것이 아무것도 없다. 그들에게는 획득해야 할 세계가 있다.

만국의 프롤레타리아여, 단결하라!

| 부 록 |

『공산당 선언』 각 판본 서문들

1872년 독일어판 서문
1882년 러시아어판 서문
1883년 독일어판 서문
1888년 영어판 서문
1890년 독일어판 서문
1892년 폴란드어판 서문
1893년 이탈리아어판 서문

1872년 독일어판 서문[1]

국제적인 노동자연합인 '공산주의자동맹'은 [출범] 당시의
사정 하에선 당연히 비밀 결사체일 수밖에 없었지만, 1847년
11월 런던에서 열린 대회에서는 공표의 목적으로 이론적이고
실천적인 상세한 당 강령을 작성하는 일을 아래 서명인들에게
위임했다. 이 『공산당 선언』은 이렇게 해서 완성된 것으로, 그
원고가 인쇄를 위해 런던으로 보내진 것은 2월 혁명[2]이 일어나

• •

1. 1848년 2월 21일 『공산당 선언*Das Manifest der Kommunistischen Partei*』이
    독일어로 첫 출판된 이후, 맑스와 엥겔스 두 저자들이 처음 서문을
    붙여 간행한 이 신판(즉 1872년 독일어판)은 『공산주의 선언*Das
    kommunistische Manifest*』이라는 제명으로 1872년 라이프치히에서 출간
    되었다.

기 몇 주 전이었다. 맨 처음 독일어로 출판되었고, 독일, 영국, 아메리카에서 적어도 12종의 서로 다른 독일어판이 발행되었다. 영어로는 1850년 런던의 <붉은 공화주의자Red Republican>에 헬렌 맥팔레인의 번역으로 나온 것이 최초이고, 1871년에는 아메리카에서 적어도 세 종류의 번역들이 이루어지고 있다. 프랑스어로는 1848년의 6월 봉기 직전에 파리에서 나온 것이 최초이며, 최근에는 뉴욕의 <사회주의자Le Socialiste>에 게재되었다. 그리고 또 하나의 새로운 번역이 준비되고 있다. 폴란드어로는 독일어 초판이 나온 직후 런던에서 출판되었고, 러시아어로는 1860년대에 제네바에서 출판되었다. 덴마크어로도 독일어 초판 발행 후에 곧 번역되었다.

지난 25년간 상황이 아무리 크게 변화했다고 해도 이『선언』에 개진된 일반 원칙들은 대체로 오늘날에도 그 정당성을 여전히 잃지 않고 있다. 개개의 점들은 여기저기 개선되어야할 것이다. 이들 원칙을 실제에 어떻게 적용하는가는,『선언』이 스스로 언명하고 있듯이, 언제 어디에서든 역사적으로 주어진 사정들에 달려 있을 것이며, 그러므로 제2장 말미에 제안되어

• •
2.　2월 혁명: 1848년 2월 22일 프랑스 파리에서 일어난 민중혁명으로, 루이 필리프의 왕정을 무너뜨리고 제2공화정을 수립했다.

있는 혁명적 방책들에는 결코 특별한 비중이 두어져 있지 않다. 오늘날이라면 이 대목은 많은 점에서 다른 식으로 쓰여야 할 것이다. 최근 25년간에 일어난 대공업의 엄청난 진보나, 이와 함께 진전되어온 노동자계급의 당 조직이나, 2월 혁명을 시작으로 해서 그 다음 한층 더 나아가 프롤레타리아계급이 최초로 두 달 동안 정권을 잡은 파리 코뮌[3]의 실천적 경험들에 비추어 볼 때, 오늘날 이 강령은 곳곳에서 시대에 뒤떨어져 있다. 특히 코뮌은 "노동자계급은 기존의 국가기구를 그대로 차지하여 그 것을 자기 자신의 목적을 위해 동원할 수 없다"라는 증명을 제시했다. (『프랑스에서의 내란, 국제노동자협회 총무위원회의 담화문』을 볼 것. 독일어판 19쪽에 이 점에 대한 상세한 설명이 있다.) 더 나아가, [1848년 초판에서 서술된] 사회주의 문헌들에 대한 비판은 1847년까지만 다루고 있기 때문에, 오늘날에서 보자면 그러한 비판이 불충분한 것임은 말할 필요도 없다. 마찬가지로, 여러 반대당들에 대한 공산주의자들의 입장에 관한 언급들(제4장)도 또한 기본적인 점에서는 오늘날에도 여전히 옳지

· ·

3. 파리 코뮌Pariser Kommune/Paris commune: 1871년 3월 18일부터 5월 28일 까지 6주간 파리에서 민중 및 노동자들의 봉기에 의해 수립된 혁명 적 자치정부를 일컫는다. 맑스와 국제노동자협회(인터내셔널)의 활동은 당시 프랑스 파리의 노동운동에 커다란 영향을 주었고 파리 코뮌에도 직간접적인 영향을 끼쳤다.

만, 상세한 점에서는 이미 시대에 뒤쳐져 있다. 왜냐하면 정치 정세가 완전히 개편되었고, 거기에 거론되어 있는 여러 정당들 대부분은 역사의 발전에 의해 세상에서 사라져버렸기 때문이다.

그러나 이 『선언』은 하나의 역사적 문서로서, 우리는 더 이상 그것에 변경을 가할 권리를 갖고 있지 않다. 추후 판을 갱신하는 일이 있다면, 아마도 1847년부터 현재까지의 간격을 다리 놓아 줄 서문을 붙이게 될 것이다. 하지만 이번 판은 이렇게 일찍 나오리라 예상하지 못했기 때문에, 그에 대한 시간이 우리에겐 없었다.

1872년 6월 24일, 런던
칼 맑스, 프리드리히 엥겔스

1882년 러시아어판 서문

『공산당 선언』의 첫 번째 러시아어판은 바쿠닌의 번역으로 1860년대 초에 <종소리> 인쇄소에서 출판되었다.[4] 당시 서유럽 사람들은 이 책(『선언』의 러시아어판)을 문헌적으로 진기한 물품 정도로밖에 여기지 않았다. 오늘날에는 그런 견해를 갖는다는 것은 불가능할 것이다.

[『공산당 선언』이 처음 출판되었던] 당시(1847년 12월) 프롤레타리아운동이 아직 얼마나 제한된 영역밖에 점하고 있지 못

• •

4.　공산당 선언의……출판되었다: 실제 출판 연도는 1869년이다. <종소리Kolokol>는 러시아의 혁명적 신문으로 처음에는 런던에서, 나중에는 제네바에서 발행되었다.

했는가는 『선언』의 마지막 장, 즉 여러 나라들에서의 「여러 반대당들에 대한 공산주의자들의 입장」 속에 가장 명확히 나타나 있다. 즉 여기에는 무엇보다도 러시아와 미합중국이 빠져 있다. 그 당시는 러시아가 유럽 전체 반동의 마지막 거대 예비군을 이루고 있던 시대이며, 미합중국은 자국으로의 이민을 통해 유럽 프롤레타리아의 잉여능력을 흡수하고 있던 시대였다. 이 두 나라는 유럽에 원료를 공급했고 동시에 유럽의 산업생산물의 판매시장이었다. 따라서 당시 두 나라는 이런저런 방식으로 유럽의 현존질서를 떠받치는 기둥들이었다.

[하지만] 오늘날에는 상황이 얼마나 달라졌는가! 확실히 유럽으로부터의 이민이 북아메리카의 거대 농업생산을 가능케 하고, 그 경쟁력은 유럽의 크고 작은 토지소유를 그 토대로부터 동요시키고 있는 것이다. 게다가 이 이민은 미합중국으로 하여금 엄청난 산업자원들을 채굴할 수 있게끔 했는데, 그것은 지금까지의 서유럽, 특히 영국의 산업적 독점을 단기간에 파탄 낼 수 있을 정도의 힘과 규모를 지닌 것이었다. 이 두 가지 정황은 아메리카 자체에게도 혁명적 방향으로 작용을 미치고 있다. 아메리카의 전체 정치체제의 토대인 자작농들의 중소규모 토지소유는 점차 거대농장들과의 경쟁에서 패배하고 있으며, 동시에 공업지대들에서는 최초로 대규모 프롤레타리아계급이 형성되

는가 하면, 믿을 수 없을 만큼 고도의 자본 집중이 이루어지고 있다.

그렇다면 러시아는 어떠한가! 1848~1849년 혁명 당시 유럽의 군주들뿐 아니라 유럽의 부르주아들은 이제 막 깨어나고 있던 프롤레타리아계급에게서 벗어나는 유일한 구제책을 러시아의 간섭에서 찾고 있었다. 차르는 유럽 반동의 우두머리로 선포되었다. 그러나 오늘날 차르는 혁명의 전쟁포로로서 가치나에 있으며,[5] 러시아는 유럽의 혁명 행동의 전위가 되어 있다.

『공산당 선언』이 과제로 삼았던 것은 근대 부르주아적 소유의 붕괴가 불가피하게 임박해 있음을 선언하는 일이었다. 그러나 러시아에서는 한편으로 자본주의적 사기 거래가 급속히 번성하고 있고 또 부르주아적 토지소유는 이제 비로소 발전하고 있으며, 또 다른 한편으로는 토지의 절반 이상이 여전히 농민의

• •
5.   그러나……있으며: 가치나Gatschina는 러시아 상트페테르부르크 남
      서쪽 45km 지점에 있는 도시이다. 1881년 폭탄 테러로 사망한 알렉
      산드르 2세에 뒤이어 재위에 오른 그의 아들 알렉산드르 3세(재위
      1881~1894년)는 전반적으로 반동적인 정책과 엄격한 사회통제를
      취했으며, 암살에 대한 두려움으로 차르의 지방 거주지인 가치나
      궁전에 머물렀다.

공동소유로 되어 있다. 여기에서 다음과 같은 문제가 생긴다. 비록 심하게 파괴되고는 있지만 태고로부터의 토지소유의 한 형태를 이루는 러시아의 농촌공동체[6]는 공산주의적 공동소유의 보다 높은 형태로 직접 이행할 수 있는가? 아니면 반대로, 이 농촌공동체는 그렇게 되기 전에 서유럽의 역사적 발전에서 행해졌던 것과 동일한 붕괴과정을 통과해야만 하는 것인가?

이 문제에 대해 현재 가능한 유일한 대답은 다음과 같다. 만약 러시아혁명이 서유럽에서의 프롤레타리아혁명의 신호가 되어, 그 결과 양자가 서로를 보완한다면, 현 러시아의 토지공유제는 공산주의적 발전의 출발점으로서 도움이 될 수 있다.[7]

1882년 1월 21일, 런던

칼 맑스, 프리드리히 엥겔스

• •

6. 농촌공동체Obschtschina: 일반적으로 '미르mir' 또는 '오브시치나obshchina/Obschtschina'라 불리는 러시아의 농촌공동체는 1861년 농노해방 이후에도 국토 전역에 광범하게 존속하고 있었다.

7. 만약……될 수 있다: 러시아혁명에 대한 기대가 증대되고 있던 당시 시점(1882년)에서, 맑스와 엥겔스는 러시아의 이 전통 농촌공동체가 적어도 공산주의적 발전의 출발점이 될 수 있음을 시사하고 있다.

1883년 독일어판 서문

이 판의 서문에는 유감스럽게도 나 혼자 서명할 수밖에 없다.[8] 유럽과 아메리카의 노동자계급 전체가 다른 누구한테서보다 많이 그 덕택을 입고 있는 사람인 맑스는 하이게이트 묘지에 잠들어 있고, 그의 묘 위에는 벌써 새 풀이 돋아나 있다. 그가 죽은 지금, 『공산당 선언』을 개정하거나 보충한다는 것은 생각조차도 할 수 없다. 그런 만큼, 여기에서는 다시 한 번 다음과 같은 점을 명확히 확인하는 일이 한층 더 필요하다고 생각한다.

• •

8. 이 판의……없다: 맑스는 1883년 3월 14일 평생의 친구이자 동지인 엥겔스가 지켜보는 가운데 런던 자택에서 폐출혈로 사망했다.

『선언』을 관통하고 있는 기본 사상은 다음과 같은 것이다. 각각의 역사적 시기의 경제적 생산 및 이로부터 필연적으로 생겨나는 사회구조는 그 시기의 정치적 및 지적 역사의 기초를 이룬다. 따라서 (태고의 토지 공유가 해체된 뒤로는) 역사 전체는 계급투쟁의 역사, 즉 사회적 발전의 다양한 단계들에서의 착취당하는 계급과 착취하는 계급, 지배되는 계급과 지배하는 계급 사이의 투쟁의 역사였다. 그러나 이제 이 투쟁은, 착취당하고 억압당하는 계급(프롤레타리아계급)이 전체 사회를 착취, 억압 및 계급투쟁으로부터 영구적으로 해방시키지 않고서는, 자신을 착취하고 억압하는 계급(부르주아계급)으로부터 더 이상 자신을 해방시킬 수 없는 단계에까지 이르렀다.── 이 근본 사상은 오로지 맑스의 것이다.[9] 나는 이 점을 이미 자주 말해

• •

9. [원주: 1890년 독일어판에 붙인 엥겔스의 주] 나는 [1888년] 영역판의 서문에 이렇게 말한 바 있다. "내가 보기에 이 사상은 다윈의 이론이 자연과학에 대해 정초했던 것과 비등한 진보를 역사과학에 대해 정초하는 사명을 띤 것으로, 우리 두 사람은 이미 1845년의 수년 전부터 이 사상에 점차 근접해가고 있었다. 내가 독자적으로 어느 정도 이 방향으로 나아가고 있었는지는 나의 『영국에서의 노동계급의 상태』가 가장 잘 나타내고 있다. 하지만 1845년 봄, 내가 브뤼셀에서 맑스와 다시 만났을 때, 그는 이 사상을 이미 말끔히 완성해두고 있었고, 내가 위에서 요약한 것과 거의 동일하게 그것을 명확한 표현으로 나에게 말해주었다."

왔다. 하지만 지금이야말로 이 점을『선언』자체의 서문으로도 써두는 것이 필요할 법하다.

1883년 6월 28일, 런던

F. 엥겔스

1888년 영어판 서문

『공산당 선언』은 '공산주의자동맹'의 강령으로서 공표되었다. 이 동맹은 처음에는 오로지 독일인으로 구성되었으나 나중에는 국제적인 노동자 단체가 되었다. 그런데 1848년 이전의 유럽 대륙 정치정세 하에서 이 단체는 불가피하게 하나의 비밀결사체여야만 했다. 1847년 11월 런던에서 열린 동맹의 대회에서 맑스와 엥겔스는 이론적이고도 실천적인, 완결된 당 강령의 발표를 준비하도록 위임받았다. 이 초안은 1848년 1월 독일어로 작성되어, 2월 24일의 프랑스혁명 몇 주 전에 인쇄를 위해 런던으로 보내졌다. 프랑스어 번역은 1848년의 6월 봉기 직전, 파리에서 출판되었다. 헬렌 맥팔레인 양에 의한 최초의 영어 번역은 1850년 런던에서 조지 줄리안 하니George Julian Harney가 편집하는

<붉은 공화주의자Red Republican>에 실렸다. 덴마크어판 및 폴란
드어판도 또한 출판되었다.

1848년의 파리 6월 봉기——프롤레타리아계급과 부르주아계
급 간의 이 최초의 대전투——의 패배는 유럽 노동자계급의 사회
적·정치적 열망을 당분간 다시 뒷전으로 밀어냈다. 그때 이후
지배권을 둘러싼 투쟁은, 2월 혁명 이전과 마찬가지로 다시금
유산계급의 다양한 분파들 사이에서만 벌어졌다. 노동자계급은
정치적 행동의 자유를 획득하기 위한 투쟁으로만 그 활동 범위
가 제한되었고, 중산계급 급진파의 극좌익이라는 위치로 한정
되어버렸다. 독자적인 프롤레타리아운동이 태동하는 징후가 포
착되기만 하면, 어디에서든 무자비하게 진압되었다. 이리하여
프로이센 경찰은 당시 쾰른에 있었던 '공산주의자동맹'의 중앙
위원회를 찾아냈다. 위원들은 체포되었고 18개월간의 수감 후,
1852년 10월에 재판에 회부되었다. 이 유명한 '쾰른 공산주의자
재판'은 10월 4일부터 11월 12일까지 계속되었고, 피고인들 중
7명은 3년에서 6년의 요새要塞 금고형을 선고받았다. 이 판결
직후, '동맹'은 남아 있던 위원들에 의해 정식으로 해산되었다.
『선언』의 처지로 보자면, 그 이후 잊힐 운명에 처한 듯이 보였다.

유럽의 노동자계급이 지배계급들에 다시 공격을 가할 정도

의 충분한 힘을 회복했을 때, '국제노동자협회'[10]가 탄생했다. 그러나 이 협회는, 유럽과 아메리카의 전투적 프롤레타리아계급 전체를 하나의 유일 단체로 결집시킨다는 명확한 목적을 가지고 만들어진 것이어서, 『선언』에 담겨 있는 원칙들을 즉각 선언할 수 없었다. 인터내셔널은, 영국의 노동조합들과 프랑스, 벨기에, 이탈리아 및 스페인의 프루동 신봉자들과 독일의 라살레파[11]가 받아들일 정도로 충분히 폭넓은 강령을 가져야만 했다. 이 강령을 모든 당파들이 만족하게끔 작성한 맑스는 노동자계급의 지적 발전에 전폭적인 신뢰를 두고 있었으며, 이 같은 발전은 단결된 행동과 상호 토론으로부터 필연적으로 생긴다고 믿었다. 자본과의 투쟁에서 발생하는 여러 사건들이나 부침들, 특히 승리보다 더 잦은 패배는 사람들로 하여금 각 당파들이 내세우는 다양한 엉터리 묘책들이 얼마나 불충분한지를 일깨웠으며, 노동자계급 해방의 참된 전제들에 대한 보다 완전한 통찰에의 길을 닦아야 함을 절실히 느끼게 했다. 그리고 맑스는 옳았

· ·

10. 국제노동자협회: 1864년 9월 28일 영국 런던에서 결성된 최초의 국제적인 노동운동 조직이다. '제1인터내셔널'이라고도 한다.

11. [원주: 엥겔스 주] 라살레는 개인적으로는 항상 우리에게 자신이 맑스의 제자임을 인정하고 있었고 또한 그러한 사람으로서 『선언』의 토대 위에 서 있었다. 그러나 1862~1864년의 공개적인 선동에서는 국가 신용에 의거하는 생산협동조합을 만들자는 요구 이상으로는 나아가지 못했다.

다. 인터내셔널은 1874년 그것이 와해되었을 때의 노동자들을 그것이 창립되던 1864년 때의 노동자들과는 아주 다른 상태로 만들어 놓았다. 프랑스의 프루동주의, 독일의 라살레주의는 사멸해가고 있었다. 그리고 보수적인 영국의 노동조합들은 그 대부분이 이미 오래전부터 인터내셔널과의 관계를 끊고 있었지만, 지난해 스완지 대회의 의장이 조합의 이름으로 "대륙의 사회주의는 우리에게 더 이상 공포의 대상이 되지 않는다"고 말할 정도에까지 이르게 되었다. 사실상 『선언』의 원칙들은 모든 나라의 노동자들 사이에서 두드러진 진보를 이루어내고 있었던 것이다.

이리하여 『선언』 자체가 다시금 전면에 나타나게 되었다. 독일어 원문은 1850년 이래 스위스, 영국, 아메리카에서 여러 차례 인쇄를 거듭했다. 1872년에는 영어로 번역되어, 뉴욕의 『우드헐 앤 클래플린스 위클리*Woodhull and Claflin's Weekly*』에 실렸다. 이 영역본에 의거해 프랑스어 번역본도 뉴욕의 <사회주의자Le Socialiste>에 게재되었다. 그 후 아메리카에서는 적어도 두 종의 영역본이 다소 불완전한 형태로 출판되었는데, 그 하나는 영국에서 재인쇄되었다. 바쿠닌에 의해 이루어진 최초의 러시아어 번역은 1863년경 제네바에서 게르첸이 발간하는 <종소리 Kolokol> 인쇄소에서 출판되었고,[12] 여걸 베라 자술리치에 의한 두 번째 번역본도 또한 제네바에서 1882년에 출판되었다. 새로운 덴마크어 번역은 <사회민주주의 총서Socialdemokratisk Bibliothek>로서 1885년 코펜하겐에서 출판되었고, 또한 새로운 프랑스어 번역은 1886년 파리의 <사회주의자Le Socialiste>에 실렸다. 후자로부터 스페인어 번역이 준비되었고, 이는 1886년 마드리드에서 출판되었다. 독일어 중판본의 수는 정확히 셈할 수는 없지만, 모두 합해 [각기 다른 판본으로] 적어도 12종은 될 것이다. 몇 달 전 콘스탄티노플에서 출판될 예정이었던 아르메니아어 번역은 결국 세상 빛을 보지 못했는데, 전언에 따르면, 출판사가 맑스의 이름이 적힌 책을 출판할 용기가 없었던 데다가 역자 자신의 저서로 내자는 출판사의 제안을 역자가 거절했기 때문이라고 한다. 그 외에, 다른 언어로 된 번역들에 대해서 듣기는 했지만, 나는 아직 보지는 못했다. 이렇게 『선언』의 역사는 근대 노동자운동의 역사를 고도로 반영하고 있다. 현재 『선언』은 의심할 바 없이 모든 사회주의 문헌 중 가장 널리 보급된 저작이자 가장 국제적인 저작이며, 시베리아로부터 캘리포니아에 이

• •

12. 바쿠닌에……인쇄되었고: 게르첸A. I. Herzen, 1812~1870은 러시아 사회주의의 선구자로서, 러시아를 떠나 파리, 로마, 스위스, 영국 등으로 이주했다. 1852년 영국에 정착한 그는 해외에서 최초로 자유 러시아 인쇄소를 설립했고, 1857년에는 <종소리Kolokol>라는 주간 신문을 발행하여 러시아의 정치정세에 강력한 영향력을 미쳤다.

르는 수백만 노동자들에게 인정받는 공통의 강령이다.

그럼에도 이것이 쓰여졌을 때, 우리는 이것을 사회주의 선언이라고 부를 수 없었다. 1847년에 사회주의자라고 하면, 한편으로는 다양한 유토피아적 체계들의 신봉자, 즉 이미 단순한 종파들로 위축되어 서서히 사멸해가고 있었던 영국의 오언주의자들이나 프랑스의 푸리에주의자들을 의미했으며, 다른 한편으로는 지극히 다종다양한 사회적 돌팔이의사들을 의미했는데, 이들은 자본과 이윤에는 전혀 위해를 가하지 않고 다양한 미봉책으로 온갖 종류의 사회적 폐해를 제거할 것을 약속하는 사람들이었다.── 이 두 경우 모두, 노동자운동의 외부에 있으면서 오히려 '교양 있는' 계급에게 지지를 구하는 사람들이었다. 단순한 정치적 변동들로는 충분하지 않다는 점을 확신하면서 사회의 총체적 개조의 필요성을 요구했던 일부 노동자계급은 당시 자신들 스스로를 공산주의자라고 불렀다. 그것은 아직 조야하고 다듬어지지 않은, 순수하게 본능적인 공산주의였다. 그러나 이 공산주의는 주요 지점을 제대로 발견했으며, 프랑스의 카베나 독일의 바이틀링의 유토피아적 공산주의를 만들어낼 만큼 노동자계급 안에서 강력한 영향력을 지니고 있었다.[13] 이처럼 1847년에 사회

• •

13.   프랑스의……있었다: 카베Étienne Cabet, 1788~1856는 프랑스의 철학

주의는 중산계급의 운동이었고, 공산주의는 노동자계급의 운동이었다. 사회주의는 적어도 대륙에서는 '살롱에 출입할 수 있는 것'이었고, 공산주의는 그 정반대였다. 그리고 우리는 처음부터 "노동자계급의 해방은 노동자계급 자신의 임무여야 한다"라는 의견이었기 때문에, 이 두 명칭들 중 어느 쪽을 택해야 하는지에 대해서는 어떠한 의문도 있을 수 없었다. 더욱이 그 이후에도 우리는 [공산주의라는] 이 명칭과 인연을 끊게 되리라고 생각한 적은 결코 없다.

『선언』은 우리 두 사람의 공동 저작이지만, 나는 그 핵심을 이루는 기본 사상이 맑스의 것임을 말할 의무가 있다고 생각한다. 이 사상은 다음과 같다. 즉 그 어떤 역사적 시대에서든 지배적인 경제적 생산양식과 교환양식 및 이로부터 필연적으로 나타나는 사회조직이 토대를 형성하며, 그 시대의 정치적 및 지적 역사는 이 토대 위에 구축되고 이 토대로부터만 설명될 수 있다.

• •

자이자 유토피아적 공산주의자이다. 자신의 철학소설 『이카리아 여행*Voyage en Icarie*』(1840)에서 요람에서 무덤까지 국가가 모든 것을 책임지고 분배해주는 '이카리아'라는 유토피아적 사회를 그려냄으로써, 그의 사상은 '이카리아' 공산주의라고도 불린다. 바이틀링Wilhelm Weitling, 1808~71은 독일의 프롤레타리아 작가 중 한 사람이자 유토피아적 공산주의자이다. 그는 재단사로서 공산주의자동맹의 전신인 의인義人동맹의 일원이었다.

이에 따라 (토지를 공유하고 있었던 원시부족사회의 붕괴 이후) 인류의 전체 역사는 계급투쟁의 역사였다. 즉 착취하는 계급과 착취당하는 계급, 지배계급과 피지배계급 간의 투쟁의 역사였다. 그리고 이 계급투쟁의 역사는 일련의 발전과정을 거치는데, 오늘날에는 모든 착취와 억압, 모든 계급적 차별과 계급투쟁들로부터 사회 전체를 영구적으로 해방시키지 않고서는, 착취당하고 억압받는 계급——프롤레타리아계급——이 착취하고 지배하는 계급——부르주아계급——의 속박에서 벗어날 수 없는 단계에 이르렀다는 것이다.

내가 보기에 이 사상은 다윈의 이론이 자연과학에 대해 정초했던 것과 비등한 진보를 역사과학에 대해 정초하는 사명을 띤 것으로, 우리 두 사람은 이미 1845년의 수년 전부터 이 사상에 점차 근접해가고 있었다. 내가 독자적으로 어느 정도 이 방향으로 나아가고 있었는지는 나의 『영국에서의 노동계급의 상태』[14] 가 가장 잘 나타내고 있다. 하지만 1845년 봄, 내가 브뤼셀에서 맑스와 다시 만났을 때, 그는 이 사상을 이미 말끔히 완성해두고 있었고, 내가 위에서 요약한 것과 거의 동일하게 그것을 명확한

• •

14.   [원주: 엥겔스의 주] 『*The Conditions of the Working Class in England in 1844*』, 프리드리히 엥겔스 지음, Florence K. Wischnewetzky 옮김, New York, Lovell-London, W. Reeves, 1888.

표현으로 나에게 말해주었다.

1872년의 독일어판에 붙인 우리의 공동 서문에서 다음 한 대목을 인용해보기로 하자.

"지난 25년간 상황이 아무리 크게 변화했다고 해도 이『선언』에 개진된 일반 원칙들은 대체로 오늘날에도 그 정당성을 여전히 잃지 않고 있다. 개개의 점들은 여기저기 개선되어야 할 것이다. 이들 원칙을 실제에 어떻게 적용하는가는,『선언』이 스스로 언명하고 있듯이, 언제 어디에서든 역사적으로 주어진 사정들에 달려 있을 것이며, 그러므로 제2장 말미에 제안되어 있는 혁명적 방책들에는 결코 특별한 비중이 두어져 있지 않다. 오늘날이라면 이 대목은 많은 점에서 다른 식으로 쓰여야 할 것이다. 최근 25년간에 일어난 대공업의 엄청난 진보나, 이와 함께 진전되어온 노동자계급의 당 조직이나, 2월 혁명을 시작으로 해서 그 다음 한층 더 나아가 프롤레타리아계급이 최초로 두 달 동안 정권을 잡은 파리 코뮌의 실천적 경험들에 비추어 볼 때, 오늘날 이 강령은 오늘날 곳곳에서 시대에 뒤떨어져 있다. 특히 코뮌은 "노동자계급은 기존의 국가기구를 그대로 차지하여 그것을 자기 자신의 목적을 위해 동원할 수 없다'라는 증명을 제시했다.(『프랑스에서의 내란, 국제노동자협회 총무위원회의 담화문』, 런던, Truelove, 1871, 15쪽을 볼 것. 여기에 이 점에 대한 자세한 설명이 있다.) 더 나아가, 사회주의 문헌들에 대한 비판은 1847년까지만 다루고 있기 때문에, 오늘날에서 보자면 그러한 비판이 불충분한 것임은 말할 필요도 없다. 마찬가지로, 여러 반대당들에 대한 공산주의자들의 입장에 관한 언급들(제4장)도 또한 기본적인 점에서는 오늘날에도 여전히 옳지만, 상세한 점에서는 이미 시대에 뒤쳐져 있다. 왜냐하면 정치 정세가 완전히 개편되었고, 거기에 거론되어 있는 여러 정당들 대부분은 역사의 발전에 의해 세상에서 사라져버렸기 때문이다.

그러나 이 『선언』은 하나의 역사적 문서로서, 우리는 더 이상 그것에 변경을 가할 권리를 갖고 있지 않다."

이 번역은 맑스의 『자본』을 대부분 번역한 새뮤얼 무어Samuel Moore 씨에 의해 이루어진 것이다. 우리는 함께 교정을 보았고, 나는 역사적 사항을 설명하기 위해 약간의 각주를 덧붙였다.

1888년 1월 30일, 런던
프리드리히 엥겔스

1890년 독일어판 서문

이전 판본에 서문[15]을 쓴 이후,『공산당 선언』의 새 독일어판이 다시 필요해졌다. 그리고『선언』과 관련해서도 여기서 언급해 두어야만 할 여러 가지 일들이 일어났다.

두 번째 러시아어 번역은 베라 자술리치에 의한 것으로, 1882년 제네바에서 출판되었는데 그 서문은 맑스와 내가 작성했다. 그런데 유감스럽게도 그때 독일어로 써둔 서문 원고를 잃어버린 탓에, [새 독일어판 서문을 써야 할 지금] 러시아어로부터 거꾸로 번역해야만 하는 형편에 나는 처해 있다. 이 작업이 [원래

●●
15. 「1883년 독일어판 서문」을 말한다.

의 독일어 원고보다] 더 나아질 리는 만무하겠지만, [그럼에도 그 원고를 복원하기 위해 참조해야 할] 1882년 러시아어판 서문은 다음과 같다.[16]

[……][17]

새로운 폴란드어 번역 『*Manifest communistyczny*』은 같은 시기에 제네바에서 출판되었다.

그뿐만 아니라 새로운 덴마크어 번역본이 <사회민주주의 총서Socialdemokratisk Bibliothek>(코펜하겐, 1885)로 출판되었다. 이것은 유감스럽게도 전적으로 완전하지는 않다. 우선 번역자에게 어려움을 가져다주었을 것으로 보이는 몇몇 중요한 구절들이 누락되어 있다. 그 외에도 여기저기 부주의한 흔적들이 눈에 띈다. 그리고 이 흔적들은, 번역자가 좀 더 면밀함을 기했다

. .
16. 엥겔스가 한때 잃어버렸던 독일어 서문 원고, 즉 그가 맑스와 함께 썼던 「1882년 러시아어판 서문」은 훗날 발견되어 모스크바의 맑스 레닌주의 연구소 문서실에 보관되어 있다. 아래 생략 처리한 「1882년 러시아어판 서문」은 다시 발견된 그 독일어 원고에 따른 것이다.
17. 이 부분은 「1882년 러시아어판 서문」 전체의 중복이므로, 여기서는 생략하였다.

면 훌륭한 성과를 거둘 수 있었다는 점을 감안할 때 더더욱 불쾌한 느낌을 갖게 하는 것이다.

1886년에 새로운 프랑스어 번역이 파리의 <사회주의자Le Socialiste>에 실렸다. 이것은 지금까지 나온 것 중 가장 뛰어난 프랑스어 번역이다.

이 프랑스어 번역에 의거하여 같은 해에 스페인어 번역이 처음에는 마드리드의 <사회주의자El Socialista>에 발표되었고, 이어 다음과 같은 소책자로도 발행되었다. *Manifesto del Partido Communista*, por Carlos Marx y F. Engels (Madrid: Administracion de El Socialista사회주의자 운영위원회 간행, Hernán Cortés 8에르난 코르테스가 8번지).

또한 재미있는 일화 한 가지를 말해두고자 한다. 1887년에 아르메니아어로 번역한 원고가 콘스탄티노플의 한 출판사로 넘겨졌다. 그런데 그 선량한 출판사는 맑스의 이름이 붙어있는 원고를 인쇄할 용기가 나지 않아, 차라리 번역자 자신을 저자로 하면 어떻겠냐고 제안했다. 하지만 번역자는 이를 거절했다고 한다.

미국에서 나온 다소 부정확한 여러 번역본들은 영국에서 여러 차례 재간된 뒤, 마침내 1888년에 신뢰할 만한 번역이 나왔다. 그것은 나의 친구 새뮤얼 무어의 것으로, 인쇄되기 전에 우리 둘이 함께 교정을 다시 보았다. 그 표제는 다음과 같다. 『공산당 선언』, 칼 맑스, 프리드리히 엥겔스 지음, 엥겔스가 감수하고 주석을 붙인 영어 번역 정본, 1888년, 런던. [*Manifesto of the Communist Party*, by Karl Marx and Frederick Engels. Authorized English translation, edited and annotated by Frederick Engels, 1888, London, William Reeves, 185 Fleet Street, E.C.]. 이 판의 각주 중 몇 개를 나는 본 판본에도 옮겨놓았다.

『공산당 선언』은 고유한 이력을 가지고 있다. 그것이 출판되던 순간에는, 당시 아직 다수가 아니었던 과학적 사회주의의 전위로부터 열광적인 환영을 받았지만(최초의 서문에서 언급된 번역본들이 증명하듯이), 1848년 6월 파리 노동자들의 패배와 함께 시작된 반동에 의해 곧 뒤로 밀려났으며, 마침내는 1852년 11월 쾰른 공산주의자들에 대한 유죄선고에 의해 '법률상' 추방을 선고받았다. [1848년] 2월 혁명으로부터 시작된 노동운동이 공식적인 무대에서 자취를 감추게 되면서, 『선언』도 또한 뒷전으로 물러나게 되었다.

유럽의 노동자계급이 지배계급의 권력에 맞서 다시금 새로운 시도를 할 만큼 충분히 강력해졌을 때, 국제노동자협회가 생겨났다. 이 협회는 유럽과 아메리카의 전투적인 전체 노동자층을 결집시켜 하나의 대 군단을 만드는 것을 목적으로 하고 있었다. 따라서 이 협회는 『선언』 속에 적혀 있는 원칙들에서 **출발**할 수 없었다. 협회는 영국의 노동조합에 대해서도, 프랑스, 벨기에, 이탈리아 및 스페인의 프루동주의자들에 대해서도 그리고 독일의 라살레파[18]에 대해서도 문호를 닫지 않는 강령을 가져야만 했다. 이 강령 — 인터내셔널 규약의 기본원칙 — 은 맑스에 의해, 바쿠닌이나 무정부주의자들마저 인정할 정도의 탁월한 솜씨로 기초되었다. 『선언』에 언급된 명제들의 궁극적인 승리에 대해서, 맑스는 오로지 노동자계급의 지적 발전을 신뢰하고 그 지적 발전은 단결된 행동과 토론으로부터 필연적으로 일어난다고 믿었다. 자본과의 투쟁 속에서 생기는 여러 사건들이나 변전들에 의해, 특히 성공보다 더 잦은 패배에 의해,

• •

18. [원주: 엥겔스의 주] 라살레는 개인적으로 우리에게 항상 자신이 맑스의 '제자'임을 인정했고 또 그러한 사람으로서는 당연히 『선언』의 토대 위에 서 있었다. 물론 라살레의 신봉자들 중에는, 국가 신용에 의거한 생산협동조합을 만든다는 라살레의 요구를 넘어서지 못하고 노동자계급 전체를 국고 지원을 받는 자와 자력갱생하는 자로 나누었던 사람들이 있었지만, 라살레의 입장은 이들과는 달랐다.

투쟁하는 사람들은 그때까지의 만병통치약이 얼마나 불충분한 지를 알게 되고, 또한 그들의 두뇌는 노동자 해방의 참된 조건들에 대한 근본적인 통찰을 한층 더 얻을 수 있게끔 해줌에 틀림없다고 맑스는 생각했다. 그리고 맑스는 옳았다. 인터내셔널이 해산된 1874년의 노동자계급은 그것이 창설된 1864년의 노동자계급과는 전혀 달라져 있었다. 라틴계 나라들에서의 프루동주의, 독일에서의 특수한 라살레주의는 사멸해가고 있었고, 당시 극히 보수적이던 영국의 노동조합까지도 차츰 변모하여 1887년 스완지 대회에서는 의장이 조합의 이름으로 "우리는 이제 더 이상 대륙의 사회주의를 두려워하지 않는다"고 말할 정도까지 되었다. 그런데 대륙의 사회주의라고 할 경우, 그것은 1887년 당시에는 거의 전적으로 『선언』에 공표되어 있는 이론을 가리키는 것이었다. 이와 같이 『선언』의 역사는 어느 정도까지 1848년 이후의 근대 노동자운동의 역사를 반영하고 있다. 오늘날 『선언』은 의심할 여지없이 사회주의 문헌들 전체 가운데 가장 널리 보급되고 또 가장 국제적인 저작이며, 시베리아로부터 캘리포니아에 이르는 만국의 수백만 노동자들의 공동 강령인 것이다.

그럼에도 이 『선언』이 처음 발표되었을 때 우리는 그것을 사회주의 선언이라고 부를 수 없었다. 1847년에 사회주의자라고 불리는 경우, 거기에는 두 부류의 사람들이 포함되어 있었다. 하나는 다양한 유토피아적 체계들의 신봉자, 특히 영국의 오언주의자와 프랑스의 푸리에주의자들로서, 이 둘은 당시에는 이미 점차 사멸되어가는 단순한 종파들로 위축되어 있었다. 다른 하나는, 다양한 만병통치약과 온갖 종류의 미봉책을 쓰되 자본이나 이윤을 조금도 다치지 않고 사회의 폐해를 제거하려고 하는 각종 잡다한 사회적인 돌팔이의사들이었다. 이 두 경우 모두, 노동운동의 외부에 서 있으면서 도리어 훨씬 많은 지지를 '교양 있는' 계급들에게 구하는 사람들이었다. 이에 반해, 노동자들 가운데서 단순한 정변으로는 충분하지 않다고 확신하고 사회의 근본적 개조를 요구하는 일부 사람들은 당시 스스로를 공산주의자라고 칭했다. 그것은 아직 거칠게 다듬어지고 본능적일 뿐이며 때로는 다소 조야한 공산주의였다. 그럼에도 이 공산주의는 유토피아적 공산주의의 두 체계, 즉 프랑스에서는 카베의 '이카리아' 공산주의, 독일에서는 바이틀링의 공산주의를 만들어낼 만큼 강력한 것이었다. 1847년에 사회주의란 부르주아의 운동을 의미했고, 공산주의란 노동자운동을 의미했다. 사회주의는 적어도 대륙에서는 살롱에 출입할 수 있었던 데 비해, 공산주의는 그 정반대의 것이었다. 그리고 우리는 이미 그 당시 매우 결연하게 "노동자들의 해방은 노동자계급 자신의 과업이어야 한다"는 의견을 가지고 있었기 때문에, 두 개의 명칭 중 어느 쪽을 택하느냐에 대해서 한순간도 망설이는 일은 없었다. 그 이후로도 이 명칭을 거부하려고 생각한 적은 결코 없다.

"만국의 프롤레타리아여, 단결하라!" 42년 전 프롤레타리아 계급이 자신의 요구를 들고 나왔던 최초의 파리혁명 전야에 우리들이 세계를 향해 이 말을 외쳤을 때에는, 이에 호응한 목소리는 극히 소수에 불과했다. 그러나 1864년 9월 28일, 대다수 서유럽 나라들의 프롤레타리아는 단결하여 영광스러운 국제노동자협회를 조직했다. 이 인터내셔널 자체는 불과 9년밖에 존속하지 못했다. 하지만 이에 의해 그 기초가 세워진 만국의 프롤레타리아의 영원한 동맹은 여전히 살아 있고, 이전보다도 더욱 강력하게 살아 있다. 이 점에 대해서는 바로 오늘이라는 이 날보다 더 좋은 증인은 없다. 왜냐하면 내가 이 글을 쓰고 있는 바로 오늘, 유럽과 아메리카의 프롤레타리아계급은, 1866년 인터내셔널 제네바 대회에서 이미 주창되었고 1889년 파리 노동자대회에서 재차 선포된 8시간 표준노동일[19]의 법적 확립이라는 하나의 당면 목표를 위해, 하나의 기치 아래, 하나의 군대로서 처음으로

• •

19. 8시간 표준노동일 : 국제 노동자대회(제2인터내셔널)가 1889년 7월 14~18일에 파리에서 개최되었다. 이 대회는 하루 8시간 노동을 지지하고, 매년 5월 1일을 각국의 노동자들이 연대의식을 다지기 위한 기념일로 지정하는 결의를 통과시켰다.

들고 일어나 그 전투력을 과시하고 있기 때문이다. 그리고 오늘의 이 광경을 보면서, 모든 나라들의 자본가나 지주들은 만국의 프롤레타리아가 실제로 단결을 이루었다는 사실에 눈뜨게 될 것이다.

맑스가 여전히 내 옆에 서서 이것을 자신의 눈으로 볼 수 있다면!

1890년 5월 1일, 런던

F. 엥겔스

1892년 폴란드어판 서문

『공산당 선언』의 새로운 폴란드어판이 필요하게 되었다는 사실은 여러 가지 점들을 생각하게 한다.

우선 첫째로 주목할 만한 것은 최근『선언』이 유럽 대륙의 대공업 발전에 대한 이른바 하나의 지표가 되어 있는 점이다. 한 나라에서 대공업이 확장하는 정도에 따라, 그 나라의 노동자들 사이에서도 소유계급들에 대해 노동자계급으로서의 자신들의 지위를 확실히 하겠다는 욕구가 성장하고, 그들 사이에 사회주의 운동이 퍼지며,『선언』에 대한 수요도 증가한다. 따라서 각국 노동자운동의 상태뿐만 아니라 대공업의 발전 정도도 또한 그 나라 언어로 보급되는『선언』의 부수에 입각해 꽤 정확히 가늠할 수 있다.

이 점에서 보면, 새로운 폴란드어판은 폴란드 공업의 결정적인 진보를 나타내고 있다. 이전 판이 십 년 전에 출간된 이래, 이 같은 진보가 실제로 일어났다는 것에 대해서는 의문의 여지가 없다. 러시아령 폴란드, 즉 폴란드 입헌왕국[20]은 러시아 제국의 대공업지구가 되었다. 러시아의 대공업은 드문드문 산재해 있는— 일부는 핀란드 만 연안에, 다른 일부는 중앙지역(모스크바와 블라디미르)에, 또 다른 일부는 흑해와 아조프 해 연안에, 그리고 그 외의 것들은 또 다른 곳에 흩어져 있다— 데 비해, 폴란드 대공업은 비교적 작은 지역에 모여 있어, 이 집중으로부터 발생하는 장점과 단점을 공히 갖고 있다. 이 중 장점을 인정한 것은 경쟁 상대인 러시아 제조업자들로서, 그들은 폴란드인을 러시아화하는 것을 그처럼 열렬히 희망했음에도 불구하고, 폴란드인에 대한 보호관세를 요구했다. 단점이 두드러져 보이는 것—이는 폴란드의 제조업자들과 러시아 정부 편에서 볼 때의 입장이다— 은 폴란드의 노동자들 사이에서의 사회주의 사상의 급속한 보급, 그리고 『선언』에 대한 수요의 증대 속에서

· ·

20. 폴란드 입헌왕국Congress Poland: 1815년 빈 회의에 의해 러시아령이 된 지역으로, 점차 정치적으로 흡수되어 1867년에는 아예 러시아 직할령이 되어버렸다.

나타나고 있다.

그러나 러시아 공업을 앞지른 폴란드 공업의 급속한 발전은, 폴란드의 편에서 보자면 폴란드 민족의 강건한 생명력에 대한 새로운 증거이며, 다가올 민족적 부흥의 새로운 보증이다. 그런 데 강력한 독립 국가로서의 폴란드의 부흥은 폴란드인들에게만이 아니라 우리 모두에게 관계되는 사안이다. 유럽 국민들의 진정한 국제적 협력은 이들 국민 각각이 자신의 나라에서 완전히 자율적일 때에만 가능하다. 1848년의 혁명은 프롤레타리아의 깃발 아래에서 프롤레타리아 전사들에게 결국 부르주아계급의 과업을 수행하게끔 한 것에 불과했다고는 하지만, 다른 한편으로는 또한 혁명의 유언집행인인 루이 보나파르트와 비스마르크를 통해 이탈리아와 독일, 헝가리의 독립을 실현시켰다. 그런데 폴란드는 1792년 이래 이들 세 나라를 합친 것 이상으로 혁명을 위해 진력했음에도, 1863년 열 배는 우세한 러시아와의 싸움에 패했을 때, 사람들은 폴란드를 방치해버리고 말았다. 귀족들은 폴란드의 독립을 유지할 수도 다시 쟁취할 수도 없었다. 한편 부르주아계급은 이 독립 문제에 대해 오늘날까지 적어도 무관심한 형편이다. 그럼에도 폴란드의 독립은 유럽 국민들의 조화로운 협력을 위해 필수적인 일이다. 이 독립은 오직 폴란드의 젊은 프롤레타리아계급에 의해서만 쟁취될 수 있는 것이며, 그들의 손 안에서 확실하게 성사될 것이다. 왜냐하면 나머지 유럽 전체의 노동자들은 폴란드 노동자들 자신만큼이나 폴란드의 독립을 필요로 하고 있기 때문이다.

1892년 2월 10일, 런던

F. 엥겔스

1893년 이탈리아어판 서문

『공산당 선언』은 1848년 3월 18일, 즉 밀라노와 베를린에서의 혁명들과 정확히 같은 날에 출판되었다고 할 수 있다. 이 혁명들은 유럽 대륙의 중심부와 지중해의 중앙에 있는 두 국민들이 각기 봉기한 것으로, 그때까지 이 두 국민들은 국내 분열과 내분으로 약화되어 있었고 이 때문에 외국의 지배 아래 놓여 있었다. 이탈리아가 오스트리아 황제의 예속 하에 있었던 반면, 독일은 그 정도로 직접적이지는 않았지만, 마찬가지로 고통스러운 러시아 황제의 압제를 견디어내어야만 했다. 1848년 3월 18일의 성과는 이탈리아와 독일을 이 치욕으로부터 해방시켰다. 이 두 나라 국민들이 1848년에서 1871년 사이에 재건되고 어느 정도 자기 자신에로 복귀되었다고 한다면, 그것은 칼 맑스가 말했듯이 1848년의 혁명을 진압했던 바로 그 사람들이 이후에는 자신들의 의지에 반해 혁명의 유언집행인이 되었기 때문이다.

이 혁명은 당시 그 어디에서든 노동자계급의 일이었다. 즉 바리케이드를 쌓아올리고 목숨을 내걸었던 것은 노동자계급이었다. 하지만 정부를 타도하면서 자신들이 부르주아계급의 지배를 타도한다는 명백한 의도를 가지고 있었던 것은 오로지 파리의 노동자들뿐이었다. 그러나 그들이 자신들의 계급과 부르주아계급 사이에 있는 불가피한 대립을 충분히 의식하고 있었다고는 해도, 국내의 경제적 진보나 프랑스 노동자 대중의 정신적 발전 양자는 사회의 변혁을 가능케 할 정도에는 아직 이르고 있지 않았다. 그리하여 혁명의 결실은 결국 자본가계급의 수중으로 들어가 버렸다. 다른 나라들, 즉 이탈리아, 독일, 오스트리아, 헝가리에서 노동자들은 처음부터 부르주아계급의 손에 권력을 쥐어 주는 것 이외에는 아무것도 하지 않았다. 그러나 어떤 나라에서도 부르주아계급의 지배는 국민적 독립 없이는 불가능하다. 그러므로 1848년의 혁명은 그때까지 통일과 독립을 이루지 못했던 국가들, 즉 이탈리아, 독일, 헝가리가 이를 성취하는 결과를 낳았다. 폴란드도 머지않아 이 뒤를 따를 것이다.

즉 1848년의 혁명은 사회주의혁명은 아니었지만, 사회주의 혁명에 길을 열어주었고, 이를 위한 토대를 준비하게끔 했다. 부르주아 지배체제는 모든 나라들에서 대공업을 촉진시킴으로써, 최근 45년 동안에 단단히 결합되고 강력한 다수의 프롤레타리아계급을 곳곳에 만들어냈다. 이리하여 부르주아 지배체제는 『선언』의 표현을 사용하자면, 자신의 무덤을 파는 사람들을 낳은 셈이다. 만약 각 국민의 독립과 통일이 재건되지 않았다면, 공통의 목표에 이르기 위한 프롤레타리아계급의 국제적 단결도 또 이들 국민의 평화롭고 현명한 협력도 실현될 수 없었을 것이다. 1848년 이전 시기의 정치적 관계들 하에서 과연 이탈리아, 헝가리, 독일, 폴란드, 러시아의 노동자들이 단 한 번이라도 어떤 공동의 국제적 활동을 펼친 적이 있었는지를 떠올려보라!

이렇게 1848년의 전투들은 보람 없는 것이 아니었다. 저 혁명의 시기와 우리를 갈라놓는 45년의 기간도 마찬가지로 헛되이 지나가버린 것은 아니었다. 결실들은 성숙하고 있다. 『선언』 원문의 출판이 국제적 혁명에 대해 그러했듯이, 『선언』의 이 이탈리아어 번역본 출판 또한 이탈리아 프롤레타리아계급의 승리에 좋은 전조가 되었으면 하는 것이 내가 바라는 전부이다.

『선언』은 자본주의가 과거에 수행했던 혁명적 역할을 전적으로 공정하게 다루고 있다. 최초의 자본주의 국가는 이탈리아였다. 봉건적 중세의 종결과 근대 자본주의 시대의 출현이라는 이 두 가지 모습을 특징짓는 한 사람의 웅대한 인물이 있다. 그는 중세의 마지막 시인인 동시에 근대 최초의 시인인 이탈리아 사람 단테이다. 1300년 무렵과 마찬가지로, 오늘날에는 새로운 역사적 시대가 시작되고 있다. 이 새로운 프롤레타리아 시대의 탄생의 시간을 예고해줄 새로운 단테를 과연 이탈리아는 우리에게 보내줄 것인가?

1893년 2월 1일, 런던
프리드리히 엥겔스

옮긴이 후기

주지하듯이, 『공산당 선언』은 훗날 '맑스주의'로 불리는 세계관의 대강을 개진하고 있는 텍스트이다. 여기에는 근대 자본주의 사회의 본질, '사적 유물론'의 기본 아이디어, 그리고 새로운 사회로의 필연성과 전략 등이 곳곳에 피력되어 있다. 이는 한마디로 "각 개인의 자유로운 발전이 만인의 자유로운 발전의 조건을 이루는" 사회에 대한 열망의 표현이다. 그리하여 "만국의 프롤레타리아여 단결하라"라는 맨 마지막 외침은 이 선언의 단순한 미사여구가 아니라, 21세기 사회에도 여전히 진행형인 화두가 되어 있는 셈이다.

사실 『공산당 선언』의 사상과 논리는 명료할 뿐만 아니라 깊은 영감을 불러오는 대목들로 가득 차 있다. 그러나 이 텍스트가 태동한 때(1848년)로부터 지난 170년간의 수용사를 돌이켜보면, 그 실천적 노력의 좌절은 차치하고라도 그야말로 오해와 곡해의 소용돌이 한복판에 놓여 있었다고 해도 과언이 아니다. 이번 새 번역본에서는 적어도 텍스트의 올바른 이해를 가로막는, 나아가 온갖 음해와 역선전의 빌미가 되었던 불명확한 구절들 하나하나를 말끔히 해소하고자 노력했다. 이를 위해, 이해가 어려운 대목들을 가독성 있는 문장으로 개선하는 데 주력하는 한편, 문맥 이해에 도움말이 필요하다고 생각되는 곳에 역자 각주를 가급적 풍부하게 덧붙여 두는 방식을 취했다(이 같은 각주가 부디 불필요한 사족이 되지 않고 올바른 독해에 도움이 되기만을 바랄 뿐이다).

번역에 착수한 또 다른 동기는 맑스의 탄생일과 관련이 있다. 칼 맑스는 1818년 5월 5일에 태어났다. 2018년 올해로 탄생 200주년을 맞이하는 셈이다. 즉 본 역서를 준비한 배경에는 '맑스 탄생 200주년'을 기념한다는 소박한 의미도 없지 않다. 정확히 그의 200주년 생일날에 맞춰 출간하는 이번 역서가 부디 독자 제현의 삶과 사회에도 탄생의 기적 같은 새로운 의미로 다가오기를 소망해본다.

공산당 선언

초판 1쇄 발행 2018년 5월 05일
　　3쇄 발행 2025년 4월 20일

지은이 칼 맑스 · 프리드리히 엥겔스
옮긴이 심철민
펴낸이 조기조

펴낸곳 도서출판 b
등　록 2003년 2월 24일 제2023-000100호
주　소 서울시 금천구 가산디지털2로 169-23 가산모비우스타워 1501-2호
전　화 02-6293-7070(대) 팩시밀리 02-6293-8080
홈페이지 b-book.co.kr 이메일 bbooks@naver.com

ISBN　979-11-87036-54-8　　03300

값 9,000원

* 잘못된 책은 교환해 드립니다.